练就超强大脑！

经典逻辑思维

游戏大全

于雷 编著

人民邮电出版社

北京

图书在版编目（CIP）数据

练就超强大脑！经典逻辑思维游戏大全 / 于雷编著
. — 北京：人民邮电出版社，2024.4
ISBN 978-7-115-63785-7

Ⅰ. ①练… Ⅱ. ①于… Ⅲ. ①智力游戏 Ⅳ.
①G898.2

中国国家版本馆CIP数据核字(2024)第039111号

免责声明

内 容 提 要

传统观念认为，逻辑思维能力强是智商高的表现。善于逻辑思维的人，会使看似复杂的内容变得简单，也会使看似枯燥的内容变得有趣。

本书通过通俗易懂又趣味十足的小故事、小题目，向读者介绍逻辑基本知识及其应用，展现逻辑的魅力，培养广大读者学习逻辑的兴趣，帮助读者打开逻辑知识宝库的大门，锤炼读者驾驭逻辑工具的能力。

本书采用理论和实践相结合的方式，讲述基本的逻辑知识，再配以大量的逻辑思维训练题目。这些练习题都区分了难度，大家可以按照自己的情况循序渐进地去学习，能帮助读者学习和运用逻辑知识。

◆ 编　　著　于　雷
　　责任编辑　刘日红
　　责任印制　彭志环

◆ 人民邮电出版社出版发行　　北京市丰台区成寿寺路 11 号
　　邮编　100164　电子邮件　315@ptpress.com.cn
　　网址　https://www.ptpress.com.cn
　　固安县铭成印刷有限公司印刷

◆ 开本：787×1092　1/32
　　印张：7.75　　　　　　　　2024 年 4 月第 1 版
　　字数：190 千字　　　　　　2025 年 11 月河北第 5 次印刷

定价：39.80 元

读者服务热线：(010)81055296　印装质量热线：(010)81055316
反盗版热线：(010)81055315

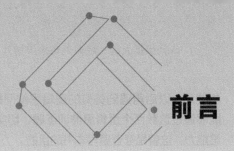

前言

　　传统观念认为，逻辑思维能力强是智商高的表现。逻辑是所有学科的基础，是每个人都应该具备的基本能力。无论你学习哪一门专业，想要学得好、学得快，就必须具有较强的逻辑思维能力。想成为现代社会所需要的人才，需满足的基本条件之一就是要具有独立思考的能力和勇于创新的精神。

　　当今社会，逻辑思维能力越来越被看重，不仅工商管理硕士（MBA）入学考试、公务员考试有逻辑测试题，而且在一些跨国公司的招聘面试中，这类逻辑训练题也经常出现。它对考察一个人的思维方式及思维转变能力有着极其明显的作用，一些研究显示，这样的能力往往也和工作中的应变与创新能力息息相关。

　　正因为如此，我才着手编著本书。我的目的不是教读者学会多少专业的逻辑学理论，而是通过一些常用的思考问题的方法，帮助读者在潜意识中逐步提高逻辑思维能力。本书收录了大量的逻辑思维训练题，尽量着眼于实用、有趣，但是对逻辑思维方面要求较高，希望能对青少年学习和运用逻辑知识有所帮助。

　　当回答书中的这些问题时，我们必须冲破思维定式，试着从不同的角度考虑问题，进行逆向思维，换位思考，并且把问题与自己熟悉的场景联系起来，这样才能得到突破和提高。

　　"授人以鱼，不如授人以渔"，只要大家学会了这些常用的方法和技巧，以后再遇到类似的逻辑思维问题时，就可以迎刃而解了。能够通过这数百个逻辑思维训练题，切实地提高广大读者的逻辑思维能力，这就是笔者编写本书的目的。

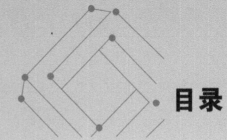

目录

第一章　归纳思维法　　　　　　　　　　001

第二章　演绎思维法　　　　　　　　　　015

第三章　发散思维法　　　　　　　　　　031

第四章　收敛思维法　　　　　　　　　　047

第五章　抽象思维法　　　　　　　　　　069

第六章　形象思维法　　　　　　　　　　087

第七章　逆向思维法　　　　　　　　　　107

第八章　假设思维法　　　　　　　　　　123

第九章　类比思维法　　　　　　　　　　149

第十章　追踪思维法　　　　　　　　　　167

第十一章　博弈思维法　　　　　　　　　187

第十二章　简化思维法　　　　　　　　　207

第十三章　系统思维法　　　　　　　　　223

归纳思维法

归纳思维法，又叫作归纳推理或归纳法，是论证的前提支持结论，但不确保结论的推理过程，由个别前提到一般结论。人的行动很大一部分是建立在归纳推理之上的。归纳推理从少数观测的事例中概括出普遍性的命题。

归纳推理是一种由个别到一般的论证方法。它通过许多个别的事例或分论点，然后归纳出它们所共有的特性，从而得出一个一般性的结论。我们每天看到太阳从东方升起而得出结论说"太阳每天从东方升起"，我们看到了几只天鹅是白色的，就会说"所有的天鹅都是白色的"。这都是归纳推理。

归纳法可以先列举事例再归纳结论，也可以先提出结论再举例加以证明。前者即我们通常所说的归纳法，后者我们称为例证法。例证法就是一种用个别、典型的具体事例证明论点的论证方法。

归纳法不是个严密的论证方法，因为只要有一个特例也就推翻了前面的结论。

我们可以设想一下：主人每天给猪喂食，当猪看到主人来时，就意味着送来了食物，然而猪不能必然性地得出，主人来就必然会给它喂食物。因为，很可能的是，一天主人拎着刀杀它来了。这就是归纳法的局限。

古希腊哲学家亚里士多德确定了归纳推理的三段论推理形式，具体如下。

前提 1：蛇是用肺呼吸的。

前提 2：鳄鱼是用肺呼吸的。

结论：所有的爬行动物都是用肺呼吸的。

这种由个别性的真的现象或前提推导出普遍性的结论就是归纳推理。

1. 旅店的房费

初级　　难度星级：☆☆☆☆★　　知识点：轻率归纳

一位游客来到一家旅店准备住宿。

游客："请问你们这里住一晚多少钱？"

旅店前台："一层每晚 500 元，二层每晚 400 元，三层每晚 300 元。"

游客："我住六层。"

旅店前台："为什么一定要住六层呢？"

游客："因为每层少 100 元，六层就不要钱了。"

旅店前台……

请问这位游客的言论错在哪里？

2. 逻辑错误

中级　　难度星级：☆☆☆★★　　知识点：轻率概括

上课时，语文老师讲到《红楼梦》时，问同学们："谁知道《红楼梦》的作者？"

小明马上站起来回答道："我知道，《红楼梦》的作者是著名的女作家曹雪芹。"

老师很纳闷地问："你为什么认为他是女作家呢？"

小明说："因为'芹'这个字只有女性才会用在名字里。而且我们经常可以看到在一些书中，曹雪芹的插图都是梳着一条辫子。所以，她当然是女的了。"

请问：小明的言论错在哪里？

3. 倒金字塔

中级　难度星级：☆☆★★★　知识点：归纳总结

根据给出数字的规律，找出问号所代表的数。

```
1 9 4 8 3 7 2 6 5
  5 6 2 7 3 8 4
    4 3 7 6 5
      5 6 4
        ?
```

4. 奇怪的规律

高级　难度星级：☆★★★★　知识点：归纳总结

下面有一组数列，请找出它的规律来。

第一列：1。

第二列：1，1。

第三列：2，1。

第四列：1，2，1，1。

第五列：1，1，1，2，2，1。

第六列：3，1，2，2，1，1。

第七列：1，3，1，1，2，2，2，1。

……

请写出第八列和第九列分别是哪些数字，另外，请说明第几列会最先出现4这个数字？

5. 迪拜塔

中级　**难度星级**：☆☆★★★　　**知识点**：间隔

哈利法塔（原名迪拜塔）是现在世界上最高的建筑，高828米，一共有162层。某人组织了一次爬迪拜塔比赛，第一个从楼梯爬到塔顶的人可以在其中的豪华酒店免费住3晚。最终参赛者有3个人：约翰在10分钟内能从1层爬到20层；查理在5分钟内能从一层爬到10层；史密斯在20分钟内能从1层爬到40层。

问：按这个速度他们能否打成平手？如果不能，谁先爬完迪拜塔？

6. 两手数数

中级　**难度星级**：☆☆★★★　　**知识点**：周期

从左手的拇指开始数，到左手小指，再从右手小指到右手拇指，然后折回去，经过两个小指再到左手拇指（折回去数时两拇指都不重复计数），问第2000根手指是哪个呢？

7. 最后两位数

中级　**难度星级**：☆☆☆★★　　**知识点**：尾数

76的76次方的最后两位数是多少？

8. 促销

中级　**难度星级**：☆☆☆★★　　**知识点**：发现规律

一家服装店促销一个牌子的衣服。衣服原价为300元，第一次促销时，价格为240元；第二次促销时为192元；第三次促销时为153.6元。

如果你仔细观察，会发现，3次促销是按照同一个规律定的价格。你知道是什么规律吗？

9. 奇妙的数列

高级　　难度星级：☆★★★★　　知识点：发现规律

下面这个数列很奇妙，需要注意的是最后一个圆圈里，确实是"7"而不是"8"。你能找出它的规律吗？并填上问号处空缺的数字。

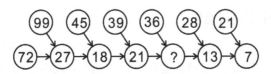

10. 三角数

中级　　难度星级：☆☆★★★　　知识点：发现规律

根据勾股定理，两个数的平方和正好等于第三个数的平方，那么这样的 3 个数叫作三角数。下面有一些三角数：

$3^2+4^2=5^2$；

$5^2+12^2=13^2$；

$7^2+24^2=25^2$；

$9^2+40^2=41^2$；

$11^2+60^2=61^2$；

$13^2+84^2=85^2$；

......

根据这个规律，你能推出下一组三角数是什么吗？

11. 有趣的算式

中级　　难度星级：☆☆☆★★　　知识点：发现规律

$7×9=63$；

$77×99=7623$；

$777×999=776223$。

不通过计算，请直接写出下面式子的结果：

7777×9999=
77777×99999=
777777×999999=
7777777×9999999=

12. 这个字读什么？

初级　　难度星级：☆☆☆☆★　　知识点：轻率概括

"来"前面加个三点水变成"涞"，这个字读什么？还是读作来（lái）。那么"去"左边加个三点水，还是读作"qù"吗？

13. 隐含的规律

中级　　难度星级：☆☆★★★　　知识点：发现规律

1，3，7，8；

2，4，6；

5，9。

你能猜出这3组数字间有何种关系吗？

提示：每一组数字都有一个相同的规律。

14. 有名的数列（1）

中级　　难度星级：☆☆★★★　　知识点：发现规律

根据给出数字的规律，你知道横线处代表的数是什么吗？

1，1，2，3，5，8，13，21，_____。

15. 有名的数列（2）

中级　　难度星级：☆☆★★★　　知识点：发现规律

根据给出数字的规律，你知道横线处代表的数是什么吗？

1，3，4，7，11，18，29，_____。

16. 下一个数字

高级　　难度星级：☆★★★★　　知识点：发现规律

根据给出数字的规律，你知道横线处代表的数是什么吗？

2，3，5，7，11，13，_____。

17. 字母排列

中级　　难度星级：☆☆☆★★　　知识点：发现规律

根据给出的字母之间的规律，找出接下来的字母，并填到横线上。

B，A，C，B，D，C，E，D，F，_____。

18. 组成单词

中级　　难度星级：☆☆★★★　　知识点：排列组合

用下面6个字母（可重复使用），可以构成一个常用的英文单词，你能把它找出来吗？

B，D，E，G，O，Y

19. 数字找规律（1）

中级　　难度星级：☆☆★★★　　知识点：发现规律

根据给出数字的规律，你知道横线处代表的数是什么吗？

1，12，1，1，1，2，1，_____。

20. 数字找规律（2）

中级　　难度星级：☆☆☆★★　　知识点：发现规律

根据给出数字的规律，你知道横线处代表的数是什么吗？

1，3，6，10，_____。

21. 数字找规律（3）

中级　　难度星级：☆☆☆★★　　知识点：发现规律

根据给出数字的规律，你知道横线处代表的数是什么吗？

2，3，5，9，17，_____。

22. 数字找规律（4）

中级　　难度星级：☆☆☆★★　　知识点：发现规律

根据给出数字的规律，你知道横线处代表的数是什么吗？

21，20，18，15，11，_____。

23. 数字找规律（5）

中级　　难度星级：☆☆☆★★　　知识点：发现规律

根据给出数字的规律，你知道横线处代表的数是什么吗？

8，6，7，5，6，4，_____。

24. 数字找规律（6）

中级　　难度星级：☆☆★★★　　知识点：发现规律

根据给出数字的规律，你知道横线处代表的数是什么吗？

65536，256，16，_____。

25. 数字找规律（7）

中级　　难度星级：☆☆★★★　　知识点：发现规律

根据给出数字的规律，你知道横线处代表的数是什么吗？

3968，63，8，3，_____。

26. 智力测验（1）

中级　　难度星级：☆☆☆★★　　知识点：发现规律

根据给出数字的规律，你知道横线处代表的数是什么吗？

7，10，9，12，11，14，13，_____。

27. 智力测验（2）

中级　　难度星级：☆☆★★★　　知识点：发现规律

根据给出数字的规律，你知道横线处代表的数字是什么吗？

2，7，24，77，_____。

28. 猜数字（1）

中级　　难度星级：☆☆★★★　　知识点：发现规律

根据给出数字的规律，你知道横线处代表的数字是什么吗？

1，2，6，24，120，_____。

29. 猜数字（2）

中级　　难度星级：☆☆★★★　　知识点：发现规律

根据给出数字的规律，你知道横线处代表的数字是什么吗？

30，32，35，36，40，40，_____。

30. 猜数字（3）

中级　　难度星级：☆☆☆★★　　知识点：发现规律

根据给出数字的规律，你知道横线处代表的数字是什么吗？

1，2，2，4，8，_____，256。

31. 猜数字（4）

中级　　难度星级：☆☆★★★　　知识点：发现规律

根据给出数字的规律，你知道横线处代表的数字是什么吗？

1，10，3，5，_____，0。

32. 猜数字（5）

中级　　难度星级：☆☆★★★　　知识点：发现规律

根据给出数字的规律，你知道横线处代表的数字是什么吗？

0，1，3，_____，10，11，13，18。

33. 数字的规律

中级　　难度星级：☆☆★★★　　知识点：发现规律

根据给出数字的规律，你知道横线处代表的数字是什么吗？

1，2，5，29，_____。

34. 填数字

中级　　难度星级：☆☆★★★　　知识点：发现规律

根据给出数字的规律，你知道横线处代表的数字是什么吗？

0，3，8，15，24，_____。

35. 下一个数字是什么

中级　　难度星级：☆☆★★★　　知识点：发现规律

根据给出数字的规律，你知道横线处代表的数字是什么吗？

125，77，49，29，_____。

36. 寻找数字规律

中级　　难度星级：☆☆★★★　　知识点：发现规律

根据给出数字的规律，你知道横线处代表的数字是什么吗？

0，2，4，8，12，18，24，32，40，_____。

37. 字母旁的数字

中级　　难度星级：☆☆★★★　　知识点：发现规律

根据给出的各组字母与数字间的关系，字母 W 旁的横线处该是什么数字呢？

G7　M13　U21　J10　W_____。

38. 找数字规律

中级　　难度星级：☆☆★★★　　知识点：发现规律

根据给出数字的规律，你知道横线处代表的数字是什么吗？

1，8，27，_____，125，216。

39. 写数列

中级　　难度星级：☆☆★★★　　知识点：发现规律

根据给出数字的规律，你知道横线处代表的数字是什么吗？

1，10，3，9，5，8，7，7，9，6，_____，_____。

40. 字母分类

中级　　难度星级：☆☆★★★　　知识点：发现规律

把 26 个英文字母按下面分成 5 组，想一想，这样分组的依据是什么？

第一组：NSZ ；

第二组：BCDEK ；

第三组：AMTUVWY ；

第四组：HIOX ；

第五组：FGJLPQR。

41. 重新组合

中级　　难度星级：☆☆★★★　　知识点：排列组合

由 A，E，G，O，N，R 这几个字母重新排列组合（字母不重复），可以得到一个（　　　　）的名称。

  A. 国家

  B. 水果

  C. 动物

  D. 城市

42. 猜字母（1）

  中级 难度星级：☆☆★★★ 知识点：发现规律

请从逻辑的角度，在横线中填入后续字母。

O, T, T, F, F, S, S, E,＿＿＿＿＿。

43. 猜字母（2）

  中级 难度星级：☆☆★★★ 知识点：发现规律

请从逻辑的角度，在横线中填入后续字母。

J, F, M, A, M,＿＿＿＿＿。

44. 猜字母（3）

  中级 难度星级：☆☆★★★ 知识点：发现规律

请从逻辑的角度，在横线中填入后续字母。

F, G, H, J, K,＿＿＿＿＿。

45. 猜字母（4）

  中级 难度星级：☆☆★★★ 知识点：发现规律

请从逻辑的角度，在横线中填入后续字母。

Q, W, E, R, T,＿＿＿＿＿。

46. 字母找规律

  中级 难度星级：☆☆★★★ 知识点：发现规律

请从逻辑的角度，在横线中填入后续字母。

A, D, G, J, ＿＿＿＿。

47. 智力测验

中级　　难度星级：☆☆★★★　　知识点：发现规律

请从逻辑的角度，在横线中填入后续字母。

E, H, L, O, S, ＿＿＿＿。

48. 填字母

中级　　难度星级：☆☆★★★　　知识点：发现规律

请从逻辑的角度，在横线中填入后续字母。

M, T, W, T, F, ＿＿＿＿, ＿＿＿＿。

49. 缺的是什么字母

中级　　难度星级：☆☆★★★　　知识点：发现规律

请从逻辑的角度，在横线中填入后续字母。

B, E, I, N, ＿＿＿＿。

第二章

演绎思维法

演绎思维法就是以一般性的逻辑假设为基础，得出特定结论的推理过程，按部就班，从已知推导未知。

玻璃是易碎的，而石头是不易碎的。从这个基础出发，你可以进行演绎推理，从而得到其他不易碎的东西（像木棍）会打破玻璃，而石头也会打破其他易碎的东西（像冰块）。

要想成为一位成功的思考者，真正掌握演绎思维法，你需要采取下面4个重要步骤。

1. 提出问题

多提几个"为什么"，通常有助于发现问题的本质特征，用"什么"和"怎么会"来表达也是很有帮助的。

2. 分析问题

要发现尽可能多的线索，不要被一开始就找到的解决办法和答案迷惑，而漏掉了其他的办法。你应该强迫自己去寻找有关这种情况的所有可能的信息资料，然后开始进行深入的思考和分析。

3. 确定方法

除了那些一眼就能看出似乎有道理的解决办法之外，还要寻找其他的方法，尤其在采纳现成的方案时要特别留心。如果别人也探讨过同样的问题，而且其解决办法听起来也适合你的情况，就要仔细判断一下那种情况与你的情况究竟何处相同。但是，不要采用那些还没有在你这种情况下检验过的解决方法。

4. 检验证明

一旦解决方法找到了，你就要对其进行检验和证明，看看这些方法是否有效，是否能解决所提出的问题。很多人到了第三步就停止了，这其实是不完整的，因而也是不科学的。

50. 小明的烦恼

中级　　难度星级：☆☆★★★　　知识点：概率

小明发现自己身边的朋友家里都有两个孩子，他便思考：如果家里有两个小孩的话，那么就有可能是 3 种情况：两个都是男孩、两个都是女孩、一个男孩一个女孩。所以，如果生两个孩子的话，都是男孩的概率是 $\frac{1}{3}$。

但是，他自己又隐隐约约感到不安，觉得似乎自己错了，你能指出他哪里错了吗？

51. 午餐分钱

高级　　难度星级：☆★★★★　　知识点：比例

约克和汤姆结对旅游，他们一起吃午餐。约克带了 3 块饼，汤姆带了 5 块饼。这时，有一个路人经过，路人饿了，约克和汤姆便邀请他一起吃饭。约克、汤姆和路人将 8 块饼全部吃完。吃完饭后，路人感谢他们的午餐，给了他们 8 个金币。

约克和汤姆为这 8 个金币的分配展开了争执。汤姆说："我带了 5 块饼，理应我得 5 个金币，你得 3 个金币。"约克不同意："既然我们在一起吃这 8 块饼，理应平分这 8 个金币。"约克坚持认为每人各得 4 个金币。为此，约克找到公正的法官。

法官说："约克，汤姆给你 3 个金币，因为你们是朋友，你应该接受它；如果你要公正的话，那么我告诉你，按公正的分法，你应当得到 1 个金币，而你的朋友汤姆应当得到 7 个金币。"

约克不理解。大家知道这是为什么吗？

52. 利润问题

中级　　难度星级：☆☆☆★★　　知识点：百分比

小王是位二手手机销售商。通常情况下，他买下硬件完好的旧手机，然后转手卖出，并从中赚取 30% 的利润。某次，一个客户从小王手里买下一部手机，但是 3 个月后，手机坏了。大为不满的客户找到小王要求退款。小王拒绝退款，但同意以当时交易价格的 80% 回收这部手机。客户最后很不情愿地答应了。

你知道小王在整个交易中赚了多少个百分点的利润吗？

53. 称量水果

高级　　难度星级：☆★★★★　　知识点：差额

在果园工作的送货员 A，给一家罐头加工厂送了 10 箱桃子。每个桃子重 500 克，每箱装 20 个。正当他送完货，要回果园的时候，接到了从果园打来的电话，说由于分类错误，这 10 箱桃子中有 1 箱装的是每个 400 克的桃子，要送货员把这箱桃子带回果园以便更换。但是，怎样从 10 箱桃子中找出到底哪一箱的分量不足呢？手边又没有秤。

正在这时，他忽然发现不远的路旁有一台自动称量体重的机器，投进去 1 元硬币就可以称量一次重量。他的口袋里刚好有一枚 1 元硬币，当然也就只能称量一次。那么他应该怎样充分利用这只有一次的机会，来找出那一箱不符合规格的产品呢？

54. 史上最难的概率题

高级　　难度星级：★★★★★　　知识点：概率

A、B、C、D 4个人说真话的概率都是 $\frac{1}{3}$。假如 A 声称 B 否认 C 说 D 是说谎了，那么 D 说的那句话是真话的概率是多少？

55. 羽毛球循环赛

中级　　难度星级：☆☆★★★　　知识点：两数和与两数差

有 7 个好朋友想要进行一次"羽毛球循环赛"，每两个人互赛一场。比赛的结果如下。

甲：3 胜 3 败。

乙：0 胜 6 败。

丙：2 胜 4 败。

丁：5 胜 1 败。

戊：4 胜 2 败。

己：3 胜 3 败。

请问：第 7 个人的成绩如何？

56. 男孩和女孩

中级　　难度星级：☆☆☆★★　　知识点：考虑自身因素

幼儿园里，老师组织小朋友们一起游泳。男孩子戴的是天蓝色游泳帽，女孩子戴的是粉红色游泳帽。

有趣的是：在每一个男孩子看来，天蓝色游泳帽与粉红色游泳帽一样多；而在每一个女孩子看来，天蓝色游泳帽是粉红色游泳帽的 2 倍。

请你说一说，男孩子与女孩子各有多少个？

57. 服装店老板的困惑

中级　　难度星级：☆☆☆★★　　知识点：百分比

有一个服装店老板进了两件衣服，都以每件 90 元的价格卖掉了，其中一件赚了 50%，另一件赔了 50%。那你能告诉这个老板，他是赚是赔还是持平了呢？

58. 猜一猜她的年龄

中级　　难度星级：☆☆★★★　　知识点：数字特征

小陈的岁数有如下特点：

（1）它的 3 次方是一个四位数，而 4 次方是一个六位数；

（2）这个四位数和六位数的各位数字正好是 0 ~ 9 这 10 个数字。

问：她今年多少岁？

59. 逃脱的案犯

高级　　难度星级：☆★★★★　　知识点：几何原理

黑猫警长有一个强劲的对手"飞毛腿"，这只老鼠奔跑的速度十分惊人，比黑猫警长还要快，几次它都从黑猫警长眼皮底下逃脱了。一次偶然的机会，警长发现"飞毛腿"在湖里划船游玩，这可是一个很好的机会。这个圆形小湖半径为 R，"飞毛腿"划船的速度只有黑猫警长在岸上速度的 $\frac{1}{4}$。警长沿着岸边奔跑，想抓住要划船上岸的"飞毛腿"。这次"飞毛腿"还能不能再次逃脱呢？

60. 对了多少题

中级　　难度星级：☆☆☆★★　　知识点：正数与负数

一次奥数比赛有 20 道题，做对一题加 5 分，做错一题倒扣 3 分。婧婧这次没考及格，不过她发现，只要她少错一道题就正好及格。

你知道她做对了多少道题吗？

61. 两支蜡烛

高级　难度星级：☆★★★★　知识点：比例

房间里的电灯突然熄灭了——停电了。我的作业还没有写完，于是我点燃了书桌上备用的两支新蜡烛，在烛光下继续写作业，直到电又来了。

第二天，我想知道昨晚电停了多长时间。我当时没有注意停电和来电的具体时间，也不知道蜡烛最初的长度。我只记得两支蜡烛是一样长的，但粗细不同，其中粗的一支燃尽需要5小时，细的一支燃尽需要4小时。两支蜡烛是一起点燃的，剩下的残烛都很小了，其中一支残烛的长度等于另一支残烛的4倍。

请你根据上述资料，算出昨天停电的时间有多长。

62. 小到看不出来

中级　难度星级：☆☆★★★　知识点：直觉

在月亮的某一处穿过月心的地方，是一个正圆形。科学家想通过这个正圆形给月亮套一个铁环用来发电，供给地球电力。圆环在地球做好，并且要求不能在月亮上留一点儿空隙。结果在制作的时候，铁环被多做了2米。这样套在月亮上的时候，肯定会有空隙的。但是工程负责人却说："2米相对于月球的周长来说太少了，放在月亮上即使有空隙也是完全看不到的。"真的是这样吗？

63. 称盐

中级　难度星级：☆☆★★★　知识点：计算

现有9千克盐以及50克和200克的砝码各一个。问怎样用天平称出2千克盐？只许称3次。

64. 老板娘分酒

高级　　难度星级：☆★★★★　　知识点：计算

一人去酒店买酒，他明明知道店里只有两个舀酒的勺子，分别能舀 7 两和 11 两酒，却硬要老板娘卖给他 2 两酒。老板娘很聪明，用这两个勺子在酒缸里舀酒，并倒来倒去，居然量出了 2 两酒，你能做到吗？

65. 分米

中级　　难度星级：☆☆★★★　　知识点：计算

有一个商人挑着担子去集市上卖米。他要把 10 斤米平均分在两个箩筐中以保持平衡，但手中没有秤，只有一个能装 10 斤米的袋子，一个能装 7 斤米的桶和一个能装 3 斤米的脸盆。请问：他应该怎样平分这 10 斤米呢？

66. 凑钱买礼物

高级　　难度星级：☆★★★★　　知识点：排除法

母亲节就要到了，3 个孩子想凑钱合伙给妈妈买一个礼物，他们把衣兜里所有的钱都掏出来，结果一共有 32 元，其中有两张 10 元的，两张 5 元的，两张 1 元的。每个孩子所带的钱中没有两张是相同面值的。而且，没带 10 元纸币的孩子也没带 1 元的纸币，没带 5 元纸币的孩子也没带 10 元的纸币。

你知道这 3 个孩子原来各自带了什么面值的纸币吗？

67. 可能及格吗？

中级　　难度星级：☆☆☆★★　　知识点：概率

小强参加一次考试，考题是 100 道选择题，每道选择题有 4 个选项，只要答对其中的 50 道题就算及格了。就概率来说，随便答也能答对四分之一，也就是 25 道题，而且小强还有 30 道题是有把握做对的，他能及格吗？

68. 母子的年龄

中级　　难度星级：☆☆☆★★　　　知识点：计算

一天，华华和妈妈一起在街上走，遇见了妈妈的同事。妈妈的同事问华华今年几岁。华华说："妈妈比我大 26 岁，4 年后妈妈的年龄是我的 3 倍。"你能猜出华华和她妈妈今年各多少岁吗？

69. 拔河比赛

中级　　难度星级：☆☆★★★　　　知识点：不等式

明明一家 8 口人举行拔河比赛。其中 3 场比赛的结果如下。

第一场：父亲为一方，5 个孩子（2 男 3 女）为另一方进行比赛，父亲输了。

第二场：母亲为一方，5 个孩子（1 男 4 女）为另一方进行比赛，母亲赢了。

第三场：父亲加 1 个儿子为一方，母亲加 3 个孩子（3 女）为另一方进行比赛，父亲的一方赢了。

问：母亲加 2 个男孩与父亲加 3 个女孩进行拔河比赛，结果将会怎样？

70. 平衡还是不平衡

中级　　难度星级：☆☆★★★　　　知识点：等量代换

毕达哥拉斯是古希腊著名的数学家，门下弟子众多。在一次讲课中，他拿出 4 架天平，分别在两边放上一些几何物体，同种形状的物体大小、重量都相等。毕达哥拉斯问众弟子："你们谁能告诉我，根据前 3 架天平的状态来看，第四架天平是不是平衡的？"众弟子面面相觑，无人能答。你能解答这个问题吗？

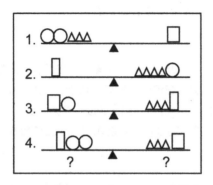

71. 兄弟的年龄

中级　　难度星级：☆☆☆★★　　知识点：年龄问题

4 年前，哥哥的年龄是弟弟的 2 倍，4 年后，哥哥的年龄是弟弟的 $\frac{4}{3}$。问现在哥哥和弟弟各多少岁？

72. 穿越沙漠

中级　　难度星级：☆☆☆★★　　知识点：最大化

一个人想要徒步穿越一片沙漠。但是问题来了，他只能携带够自己 4 天食用的粮食，而穿越这片沙漠需要 6 天。他需要请几个搬运工帮他搬运粮食呢？搬运工每天也需要吃同样的粮食。

73. 合伙买啤酒

中级　　难度星级：☆☆☆★★　　知识点：计算

甲、乙、丙、丁 4 个人打算合伙买啤酒，到了商店之后，4 个人发现他们带的钱各不相同，其中甲的钱加上 3 元等于乙的钱减 3

元，等于丙的钱乘以 3，等于丁的钱除以 3。而 4 个人的钱数一共是
112 元。请问每个人分别带了多少钱？

74. 五位数

中级　　难度星级：☆☆☆★★　　知识点：计算

有一个五位数，在这个数的前面添上 1，就变成了一个六位数。
在这个五位数的后面添上 1，也会变成一个六位数。但是，第二个六
位数是第一个六位数的 3 倍。你能求出这个五位数是多少吗？

75. 门票

中级　　难度星级：☆☆☆★★　　知识点：计算

甲、乙两人一起去黄鹤楼公园，出门时甲所带钱数为乙的 2 倍，
两人分别花了 50 元购买门票后，此时，甲的钱数为乙的 3 倍。你知
道两人出门时各带了多少钱吗？

76. 几点到达

高级　　难度星级：☆★★★★　　知识点：取值范围

某副市长乘坐飞机去广州参加一个学术会议。他怕耽误了开会
时间，就问飞机上的空姐："飞机什么时候到达广州？"

"明天早晨。"空姐答道。

"早晨几点呢？"

空姐看副市长一副学者派头，有意试试他："我们准时到达广州
时，时钟显示的时间将很特别——时针和分针都将指在分针的刻
度线上，两指针的距离是 13 分或者 26 分。现在你能算出我们几
点到吗？"

副市长想了一会儿，又问道："我们到达时是在 4 点前还是 4
点后？"

空姐笑了一下："我如果告诉你这个，你当然就知道了。"

副市长回之一笑："你不说我也知道了，这下我就可以放心了。"

请问，这架飞机到底几点几分到达广州？

77. 插图

中级　难度星级：☆☆☆★★　知识点：间隔与周期

一本书上有很多插图，第一个插图在第 2 页，接下来，每隔 3 页有一页插图，请计算一下，第 10 幅插图在第几页？

78. 分苹果

中级　难度星级：☆☆★★★　知识点：余数

把一箱苹果平均分给 6 个人，剩下 5 个。请问，如果把 4 箱这样的苹果分给 6 个人，会剩下几个？

79. 和减差

初级　难度星级：☆☆☆☆★　知识点：用字母表示数

随便想两个大小不同的数字，分别计算出它们的和与它们的差，然后用两数的和减去两数的差，所得的结果有一个很简单的规律，你知道是什么吗？

80. 4 位数

中级　难度星级：☆☆★★★　知识点：计算

有一个 4 位数，它正好等于构成它的 4 个数字之和的 4 次方。你知道这个数是多少吗？

81. 股份

中级　难度星级：☆☆☆★★　知识点：计算

甲、乙两人合伙做生意，如果甲把自己股份的 20% 送给乙，那么甲、乙的股份就一样多了。你知道两个人一开始各有多少股份吗？

82. 算错了

中级　　难度星级：☆☆☆★★　　知识点：倍数

小明去商店买笔，他买了普通铅笔 10 支，红色铅笔 15 支，蓝色圆珠笔 12 支，红色圆珠笔 16 支，黑色圆珠笔 8 支。他只记得普通铅笔是 8 分 1 支，红色铅笔是 1 角 2 分 1 支，圆珠笔的单价都不记得了。结账时，服务员说一共 8 元 5 角。小明马上指出对方算错了。服务员仔细一算后，发现果然算错了，并改正了过来。你知道小明在不记得圆珠笔单价的情况下，为什么能这么快就知道服务员算错了吗？

83. 奇数组

中级　　难度星级：☆☆☆★★　　知识点：多种答案

4 个奇数相加，使其和为 10，你能找出几组符合要求的奇数组？分别是什么？

84. 图书印刷

中级　　难度星级：☆☆☆★★　　知识点：数字特点

以前图书排版的时候是用铅字的，一个字或者一个数字都需要用 1 个铅字，比如数字 18 需要用到"1"和"8"两个铅字，256 需要"2""5""6"3 个铅字。在排版一本书的时候，光页码就用了 660 个铅字。你知道这本书一共有多少页吗？

85. 公交路线

中级　　难度星级：☆☆★★★　　知识点：时间间隔

某市有两个火车站，分别是东站和西站。两个火车站之间有一条公交线路，每天以相同的时间间隔分别向另一车站发出车次。一天，小明从东站坐车前往西站，他发现路上每隔 3 分钟就能看到一辆从西站发往东站的公交车。假设每一辆公交车的速度都相同，你知道这条公交路线每隔多长时间会发出一辆车吗？

86. 小明吃苹果

中级　　难度星级：☆☆☆★★　　知识点：倍数

小明很爱吃苹果。一天，爸爸给他买了一堆苹果。他吃掉的苹果数比剩下的苹果数多 4 个。过了一会儿，他又吃了一个苹果。这时，他吃掉的苹果数是剩下的苹果数的 3 倍。问小明的爸爸一共给他买了多少个苹果？

87. 平均速度

中级　　难度星级：☆☆☆★★　　知识点：直觉、路程问题

小明骑车上学，速度为 20 千米 / 时，放学回家的速度为 10 千米 / 时，请问他来回两次的平均速度是多少？

88. 装修

初级　　难度星级：☆☆☆☆★　　知识点：面积

小明家装修，在屋子里面铺地砖。如果选用边长为 60 厘米的方砖，需要 250 块。如果改为边长为 50 厘米的方砖，需要多少块？

89. 读书

中级　　难度星级：☆☆☆★★　　知识点：分数

星期天，小明在家读一本课外书。上午他读了全书的 $\frac{1}{9}$，下午他

比上午多读了 12 页，这时还剩 $\dfrac{1}{3}$ 没读。请问这本书一共有多少页？

90. 计算数字

　　中级　　**难度星级**：☆☆☆★★　　　**知识点**：方程
计算下面几个 x 的值。
（1）$x \times x \div x = x$；
（2）$(x + x) \times x = 10x$。

91. 最大的整数

　　中级　　**难度星级**：☆☆★★★　　　**知识点**：最值的条件
请在下面的 5 个数字中间加上"+、-、×、÷"4 个符号（每种符号只可以用一次，还可以使用一次小括号），使结果得出一个最大的整数。你知道该怎么填吗？
　　4　2　5　3　9=

92. 沙漏计时

　　中级　　**难度星级**：☆☆★★★　　　**知识点**：计算
现在有一个 10 分钟的沙漏和一个 7 分钟的沙漏，你知道如何用这两个沙漏计时 18 分钟吗？

93. 保持平衡

　　中级　　**难度星级**：☆☆☆★★　　　**知识点**：力与力臂
要想让下图这个天平保持平衡，右侧问号处应该放入数字为几的物体？

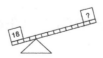

94. 谁的工资最高

中级　难度星级：☆☆★★★　知识点：不等式

小王、小李、小赵、小刘4个人同时进入公司，由于公司实行"信封式"工资发放方式，谁都不知道别人的工资是多少。小王心里好奇，就问人事经理每个人工资是多少。人事经理说："我不能告诉你，但是我能告诉你下面3句话，（1）小王、小李工资的和大于小赵、小刘工资的和；（2）小王、小赵工资的和大于小李、小刘工资的和；（3）但是小赵、小李工资的和小于小王、小刘工资的和。"

你帮小王分析一下，谁的工资最高？

第三章

发散思维法

发散思维又称扩散思维、多向思维或辐射思维。它是从同一个思维出发点开始，沿着各种不同的途径去思考，探求出多种不同答案的思维过程和方法。

发散思维法的特征就是在思维过程中充分发挥人的想象力，突破原有的思维，从一点向四面八方扩散，沿着不同方向、不同角度进行思考，通过知识、概念的重新组合，找出更多更合理的答案、设想或解决办法。如"一题多解""一物多用"等，都是发散思维。

进行发散思维首先要找到发散点。发散点主要有材料发散、功能发散、结构发散、形态发散、组合发散、方法发散、因果发散、关系发散8个方面，找到"发散点"以后，就可以进行灵活、新颖的思维发散了。

材料发散法——某个物品由很多"材料"构成，以其为发散点，构想出获得该材料特有功能的各种可能性。例如，曲别针的用途有哪些？除了可以夹纸片之外，因为它是金属制品，还可以用来导磁和导电等。

功能发散法——从某事物的功能出发，设想它的多种用途。例如，铅笔的作用有哪些？可以写字，可以做尺子画直线，笔芯还可以润滑，等等。

结构发散法——以某事物的结构为发散点，设想出利用该结构的各种可能性。例如，折叠桌子给我们带来了很大方便，那么这种折叠的结构可以运用在其他哪些事物上呢？可以是折叠椅子、折叠床、折叠自行车等。

形态发散法——以事物的形态为发散点，设想出利用某种形态的各种可能性。例如，尽可能多地设想利用红颜色可做什么，办什么事。红灯、红旗、红笔、红衣服、红鞋子……可以想出许多。

组合发散法——以某事物为发散点，尽可能多地把它与别的事物组合成新事物。例如，橡皮和动物组合，可以制成动物形状的橡皮；橡皮和香味组合，可以制成带香味的橡皮；橡皮与铅笔组合，可以制成带橡皮的铅笔，等等。

方法发散法——以某种方法为发散点，设想出利用该方法的各种可能性。例如，要过河，可以怎么办？坐船、搭桥、游泳、涉水，如果结冰了还可以直接在冰面上走过去，等等。

因果发散法——以某个事物发展的结果为发散点，推测出造成该结果的各种原因，或者由原因推测出可能产生的各种结果。例如，杯子为什么碎掉了？是因为结冰胀破的；水为什么结冰了？是因为天气凉了，等等。

关系发散法——这种方法就是从某一事物出发，以此为扩散点，尽可能多地设想出它与其他事物的各种联系。例如，火与木头的关系。火可以烧木头，木头点燃了可以变成火，等等。

95. 有趣的算术题

初级　　难度星级：☆☆☆☆★　　知识点：单位换算

在什么情况下：

24+36=1；

11+13=1；

158+207=1；

46+54=1;

2-1=1。

96. 分蛋糕

中级　　难度星级：☆☆☆★★　　知识点：等分

小霞过生日，家里来了 19 个同学。她的爸爸买了 9 个小蛋糕来招待这 20 个小朋友。怎么分呢？不分给谁也不好，应该每个人都有一份。那就只有把这些蛋糕切开了，可是切得太碎又不好看，小霞爸爸希望每个蛋糕最多分成 5 块。

你什么办法吗？

97. 药剂师称重

中级　　难度星级：☆☆☆★★　　知识点：凑 100

现有 300 克的某种药粉，要把它们分成 100 克和 200 克的两份，如果天平只有 30 克和 35 克的砝码各一个，你能不能运用这两个砝码在称两次的情况下把药粉分开？

98. 四四图

高级　　难度星级：☆★★★★　　知识点：幻方

把 1～16 这 16 个数字依次排成 4 行 4 列，使得每行每列和对角线 4 个数字的和都为 34。怎么排？

99. 拼车

中级　　难度星级：☆☆★★★　　知识点：分配

两个人一起拼车。第一位乘客坐了 4 千米就要下车；第二位乘客要继续走 4 千米才下车。车费一共是 24 元。请问两个人该如何分担车费才最公平呢？

100. 聚会的日期

中级   难度星级：☆☆☆★★   知识点：发散思维

有3个人是好朋友，他们经常一起聚会。可是这3个人都有怪脾气：甲只在晴天和阴天可以出去，下雨天绝对不出去；乙只在阴天和下雨天出去，晴天绝对不出去；丙只在晴天和下雨天出去，阴天绝对不出去。请问这3个人能聚会吗？

101. 狡诈的县官

中级   难度星级：☆☆★★★   知识点：半价

从前有一个县官要买金锭，店家遵命送来两只金锭。县官问："这两只金锭要多少钱？"

店家答："县太爷您要买，小人只按半价出售。"

县官收下一只，还给店家一只。

过了许多日子，他不付账，店家便说："请县太爷赏给小人金锭款。"

县官装作不解的样子说："不是早已给了你吗？"

店家说："小人从没有拿到啊！"

你知道这个贪财的县官是如何辩解的吗？

102. 禁止吸烟

中级   难度星级：☆☆☆★★   知识点：发散思维

某工厂的一位车间主任看见工人小王上班时在车间里吸烟，就批评他说："厂里有规定，工作时禁止吸烟！"

但是小王马上说了一句话，让主任无话可说。

你知道小王说了句什么话吗？

103. 辩解

中级　　难度星级：☆☆☆★★　　知识点：咬文嚼字

有个县官上任伊始，便在堂上高悬一副对联：

得一文，天诛地灭；

徇一情，男盗女娼。

但是，实际上他却贪赃枉法。有人指责他言行不一，忘记了誓联。

你知道他是怎么辩解的吗？

104. 立等可取

中级　　难度星级：☆☆☆★★　　知识点：咬文嚼字

一天上午，小李到一家钟表修理店修表，修表师傅接过手表看了看说："下午来取。"

小李说："怎么还要下午取呢？店门外挂的牌子上不是写着'立等可取'吗？"

你知道修表师傅是如何辩解的吗？

105. 裁缝的招牌

中级　　难度星级：☆☆☆★★　　知识点：发散思维

在老上海滩，同一条街道上住着 3 个才艺不相伯仲的裁缝。一天，其中一个裁缝在招牌上写：上海最好的裁缝。另一个裁缝写：中国最好的裁缝。如果你是第三个裁缝，你会在招牌上写什么呢？

106. 后生可畏

中级　　难度星级：☆☆☆★★　　知识点：发散思维

小男孩问爸爸："是不是做父亲的总比做儿子的知道得多？"

爸爸回答："当然啦！"

如果你是这个小男孩，你会如何反驳爸爸的这句话呢？

107．灵机一动

中级　　难度星级：☆☆☆★★　　知识点：发散思维

甲、乙两信徒都酷爱吸烟。

甲问神父："我祈祷时可以吸烟吗？"

神父说："那怎么行？"

没有办法，甲只好忍住自己吸烟的欲望。这时，乙也想吸烟。他对神父说了一句话，神父就答应他可以吸烟了。

你知道他是如何和神父说的吗？

108．阿凡提的故事

中级　　难度星级：☆☆★★★　　知识点：以毒攻毒

有一个穷人找到阿凡提说："咱们穷人真是难啊！昨天我在巴依财主开的一家饭馆门口站了一站，巴依说我闻了他饭馆里的饭菜的香味，叫我付钱，我当然不给。他就到法官跟前告了我。法官决定今天判决。你能帮我说几句公道话吗？"

"行，行！"阿凡提一口答应下来，就陪着穷人去见法官。

巴依早就到了，正和法官谈得高兴。法官一看见穷人，不由分说就怒斥道："你闻了巴依老爷饭菜的香气，怎么敢不付钱！快把饭钱算给巴依老爷！"

"慢着，法官！"阿凡提走上前来，行了个礼，说道，"这人是我的兄长，他没有钱，饭钱由我付给巴依好了。"

你知道阿凡提是怎么帮穷人出气的吗？

109．回敬

中级　　难度星级：☆☆☆★★　　知识点：针锋相对

小明小时候非常聪明，很多人都当面夸他。一次，一位眼红的官员却打击他说："很多小时候聪明的人，长大了以后就不怎么样了。"小明马上回敬了一句话，就让对方满面羞愧。

你知道小明说了什么吗？

110. 聪明的老人

中级　　难度星级：☆☆☆★★　　知识点：针锋相对

古时候有个聪明的老人，他有个打猎的朋友，送给他一只兔子。老人很高兴，当即拿着兔子做菜招待了猎人。几天以后，有五六个人找上门来，自称"我们是送你兔子的那位朋友的朋友"，老人便拿出兔汤招待了他们。又过了几天，又来了八九个人，对老人说："我们是送给你兔子的那位朋友的朋友的朋友。"老人就给他们端来一碗泥水。客人很诧异，问："这是啥"？老人会如何回答呢？

111. 一件旧大衣

中级　　难度星级：☆☆☆★★　　知识点：发散思维

一天，爱因斯坦在纽约的街道上遇见一位朋友。

"爱因斯坦先生，"这位朋友说，"你似乎有必要添置一件新大衣了。瞧，你身上这件多旧啊。"

"这有什么关系？反正在纽约谁也不认识我。"爱因斯坦无所谓地说。

几年后，他们又偶然相遇。这时，爱因斯坦已然誉满天下，却还穿着那件旧大衣。他的朋友又建议他去买一件新大衣。

爱因斯坦依旧不去买，你知道他是怎么说的吗？

112. 学问与金钱

中级　　难度星级：☆☆☆★★　　知识点：针锋相对

一天，父子二人一起在街上走，他们看到一辆十分豪华的进口轿车。

儿子不屑地对他的父亲说："坐这种车的人，肚子里一定没有学问！"

作为父亲，他该怎么教育自己的孩子呢？

113. 吝啬鬼请客

中级　　难度星级：☆☆☆★★　　知识点：针锋相对

从前，有个吝啬鬼请人来家里吃饭。折腾了半天，弄了一碗鸡蛋汤，还是鸡蛋特别少，水特别多的那种。然后对客人说："你别小看这碗鸡蛋汤，你要是晚来 3 个月，这就是一碗鸡肉汤了。"

过了几天，这个人回请吝啬鬼，吃饭的时候，端上了一盘竹片，然后按照吝啬鬼的逻辑说了一番话，吝啬鬼顿时无话可说了。

你知道这个人是怎么回击吝啬鬼的吗？

114. 预言

中级　　难度星级：☆☆★★★　　知识点：发散思维

一个人写了一本书，名叫《古今预言大全》，其中有一个预言，是最准确的，500 年来，它每一次都准确地应验在了每一个读者身上。

你知道这个预言是什么吗？

115. 奸商

中级　　难度星级：☆☆☆★★　　知识点：正与反

一个奸商卖布，五颜六色的什么花色都有，并在店门口拉了一条横幅，上写"保不褪色"4 个大字，人们纷纷前来购买。不久，就有人来到店中，说自己买的布褪色严重，无法使用，要求退货。这时奸商指着门口的横幅说："你没看到我已经声明了吗？为什么还来找麻烦呢！"

客人听了奸商的辩解，只好无可奈何地离开了。

你知道奸商是怎么辩解的吗？

116．办不到

中级　　难度星级：☆☆☆★★　　知识点：偷换概念

一对年轻人在教堂结婚。牧师问新郎："你是否爱你的妻子，愿意一辈子爱她，照顾她？"

新郎回答："我愿意。"

牧师又问新娘："你是否愿意永远跟着新郎，直到死亡的那一天？"

新娘回答道："那可办不到，我又不可能每天都跟着他挨家挨户去送牛奶。"

请问：新娘的言论错在哪里？

117．超重

中级　　难度星级：☆☆☆★★　　知识点：偷换概念

一位老太太去邮局寄信。工作人员对她说："您的信超重了，得再贴一张邮票。"

老太太回答："再贴一张邮票？那不更重了吗？"

请问：老太太的言论错在哪里？

118．种金子

中级　　难度星级：☆☆☆★★　　知识点：针锋相对

一天，阿凡提借来几两金子，然后把它们埋在土里，浇了一些水。正好皇帝经过此处，看到了阿凡提奇怪的举动，便上前问道：

"你在这做什么啊？"

"我在种金子。"阿凡提回答说。

"种金子也能收获吗？"皇帝听了很惊讶地问。

"当然可以了，过了一个月就可以收割了。"阿凡提回答道。

皇帝很高兴，马上拿出几两金子要和阿凡提合伙种。阿凡提接过来与自己的金子埋在了一起。

过了一个月，阿凡提拿着一斤金子来到皇宫，交给皇帝，说："这是您那份金子的收成。"

皇帝一看，非常高兴，马上从国库中拿出数百斤的金子交给阿凡提，叫他替自己种金子。

阿凡提收起金子，出了皇宫后把这些金子全数分给了穷人。

一个月后，阿凡提两手空空地来到皇宫。皇帝问他："我叫你种的金子呢？"

你知道阿凡提是怎么回答的吗？

119. 假药

中级　　难度星级：☆☆☆★★　　知识点：偷换概念

一个人声称自己发明了一种可以让人长高的药，于是他拿去出售。没过多久，就因为卖假药而被抓了。

警察："有人控告你卖假药，你承认吗？"

罪犯："我不这么认为。什么叫假药？假药是相对于真药而言的。而我的药是我自己发明的，最多说它疗效不佳，但不能说它是假的。"

请问：罪犯的言论错在哪里？

120. 幽默的钢琴家

中级　　难度星级：☆☆☆☆★★　　知识点：机智幽默

一位著名的钢琴家到某地去演出，结果他发现观众不多，空了很多座位。于是他幽默地说了一句："我猜你们这里的人一定都很有钱。"观众都不解其意。钢琴家接着说了一句话，大家都笑了，并为钢琴家鼓起了掌。你知道钢琴家是怎么说的吗？

121. 死里逃生

中级　　难度星级：☆☆☆★★　　知识点：机智幽默

清朝大学士刘墉博学多才，能言善辩。一次，乾隆出题考他，问他忠、孝两字何解？刘墉答道："君要臣死，臣不得不死，此为忠；父要子亡，子不得不亡，此为孝。"

乾隆听完刘墉的回答后想刁难他一下，便说："那我就以君的身份，命你立刻去死吧。"

刘墉一听知道皇帝存心刁难，但又不敢相违，便说道："臣遵命。臣马上去投河。"

过了一会儿，刘墉又回来了。乾隆问他为何还没去死。你知道刘墉怎么回答，让他死里逃生的吗？

122. 推销作品

中级　　难度星级：☆☆☆★★　　知识点：机智幽默

英国著名小说家毛姆在成名之前，有段时间生活过得非常艰苦。好不容易出版了一本有价值的新书，可因为种种原因，一直无人问津。

为了引起人们对这本书的注意，毛姆在报纸上登了一则征婚启事。几天之后，毛姆的书一下子就被抢购一空了。你知道毛姆的征婚启事都写了什么吗？

123. 弥勒佛

中级　　难度星级：☆☆☆★★　　知识点：机智幽默

一次，纪晓岚陪着乾隆观赏弥勒佛像。乾隆问纪晓岚："这弥勒佛为什么看着我笑？"纪晓岚知道乾隆经常把自己比作文殊菩萨。于是回答道："佛见佛笑。"乾隆听了很高兴，但是又想刁难一下纪晓岚，就说："那弥勒佛为什么看着你也笑？"聪明的纪晓岚马上想出了一句话应对。你知道他是怎么回答的吗？

124. 善意的批评

中级　　难度星级：☆☆☆★★　　知识点：机智幽默

一位顾客在某饭店吃饭，饭里沙子很多，顾客不得不经常吐几口在桌子上。服务员见了很不安，非常抱歉地说："沙子不少吧？"顾客大度地摇摇头，微笑着说了一句话表达自己善意的批评。你知道客人是怎么说的吗？

125. 不咬人

中级　　难度星级：☆☆☆★★　　知识点：机智幽默

一个人去朋友家拜访，当走近朋友的住宅时，突然窜出一条大狗，对着他不停地狂吠。他吓得停住了脚步，朋友闻声走了出来，看见他，连忙说："别怕！你没听说过爱叫的狗不咬人吗？"他马上回答了一句话，两个人同时哈哈大笑起来。你知道他说的是什么吗？

126. 巴尔扎克的幽默

中级　　难度星级：☆☆☆★★　　知识点：机智幽默

一天夜里，一个小偷溜进了法国大作家巴尔扎克的房间，正准备撬他的写字台的锁。睡梦中的巴尔扎克被吵醒，见到这个情景不由放声大笑起来。小偷惊慌失措，又觉得莫名其妙，问道："你笑什么？"你知道巴尔扎克是怎么回答的吗？

127．讲故事

中级　　难度星级：☆☆☆★★　　知识点：机智幽默

一天，阿凡提要去澡堂洗澡，路上被迎面过来的一群小孩子围住了。孩子们央求阿凡提："阿凡提，给我们讲个故事吧！"阿凡提急着去洗澡，不肯讲。可是，孩子们怎么也不肯放他走。没办法，阿凡提只好坐下来讲道："一天，阿凡提要到澡堂去洗澡……"刚说到这里，阿凡提就停住了。孩子们赶紧在一旁追问："后来怎么样了？"阿凡提双手一摊，说了一句话，孩子们就让阿凡提去洗澡了，你知道阿凡提说的什么吗？

128．解除尴尬

中级　　难度星级：☆☆☆★★　　知识点：机智幽默

在一次演讲比赛中，一位演讲者走向讲台时，却被电线绊了一个趔趄，差点摔倒。这一意外情况引起了台下听众的哄堂大笑。但这位演讲者没有一丝的惊慌，而是从容地说了一句话，听众席上响起了热烈的掌声，都为他的机智和应变能力喝彩。你知道他说的什么吗？

129．纪晓岚应答

中级　　难度星级：☆☆☆★★　　知识点：机智幽默

一天，乾隆皇帝想捉弄一下纪晓岚。于是问了他两个奇怪的问题：第一，北京九门每天进出各多少人？第二，大清国一年生与死各多少人？你知道纪晓岚是怎么回答的吗？

130. 傲慢的夫人

　　中级　　难度星级：☆☆☆★★　　知识点：机智幽默

　　一次，马克·吐温与一位漂亮的夫人对坐。马克·吐温客气地称赞对方道："您真漂亮！"哪知这位夫人十分傲慢无礼，答道："可惜我实在无法同样称赞你！"马克·吐温马上笑了笑说了一句话来回敬对方，你知道他说了什么吗？

131. 让路

　　中级　　难度星级：☆☆☆★★　　知识点：机智幽默

　　一次，德国著名的文学家歌德在公园散步，在一条狭窄的小路上与一位批评家相遇了。批评家傲慢地说："我从来不给笨的人让路。"歌德笑了笑，说了一句话后，自然地退到了一边。说得批评家哑口无言。你知道歌德说的什么吗？

132. 两根金属棒

　　中级　　难度星级：☆☆☆★★　　知识点：发散思维

　　有两根外表一样的金属棒，其中一根是磁铁，一根是铁棒，你能不用任何工具，将它们分辨出来吗？

133. 相同的试卷

　　中级　　难度星级：☆☆☆★★　　知识点：发散思维

　　有一次考试，在一个小教室中进行，共有3个监考老师，考试的题量很大，很多人都是一直在做题，没有时间顾及其他，所以他们根本不可能作弊。但是，在阅卷的时候，还是发现有两张完全相同的试卷，你知道这是怎么回事吗？

134. 谜团

中级　　难度星级：☆☆★★★　　知识点：发散思维

有一位很厉害的律师，喜欢帮人打离婚官司。每次都会站在女方一边，尽可能多地为她们争取利益。所以有很多打算离婚的女子找这位律师帮忙。

一次，这位律师自己也要离婚。律师一如既往地站在了女方一边，为女方争得了巨额赔偿。

你知道这是为什么吗？

135. 商品中的发散思维

中级　　难度星级：☆☆☆★★　　知识点：发散思维

有一个厂家生产瓶装味精，质量好，瓶子内盖上有 4 个孔，顾客使用时只需甩几下，很方便。可是销量却一直徘徊不前。全体职工费尽心机，销量还是不能大增。后来一位家庭主妇提了一条小建议，厂方采纳后，不费吹灰之力便使销量提高了近 $\dfrac{1}{4}$ 。

你知道这个小建议是什么吗？

第四章

收敛思维法

收敛思维又称集中思维，是指问题只有一种正确答案，每一步思考步骤都指向这一答案，使多种已知信息，从不同的方面集中指向同一个目标去思考。它是通过分析、综合、比较、抽象、概括、判断、推理等思考过程，探求出一个正确的答案或一种有效的方法的过程。

收敛思维法是把广阔的思路聚集成一个焦点，从不同来源、不同材料、不同层次中探求出一个正确答案。它对于从众多可能性的结果中迅速做出判断、得出结论是最重要的。我们经常见到的，从多个答案中选择出一个正确答案，从多种方案中选取一种最佳方案都是在运用收敛思维法。简而言之，就是把所有因素都集中到一起来分析、解决问题。公安人员破案时，从各种迹象、嫌疑人中发现作案人和作案事实，运用的就是收敛思维法。

应用收敛思维法，一般有以下 3 个步骤。

第一，收集掌握各种相关信息。收集和掌握与目标有关的信息，越多越好，这是运用收敛思维法的前提。有了这些信息，才可能得出正确的结论。

第二，对掌握的信息进行分析和筛选。通过对收集到的各种信息进行分析，把重要的信息保留下来，把无关的或关系不大的信息淘汰。

第三，客观地、实事求是地得出结论。经过分析和选择后，对重要的信息进行抽象、概括、比较、归纳等，从而找出它们共同的特性和本质的方面，从而得到思维目标。

在实践中有 3 种具体做法：目标识别法，间接注意法和层层剥笋法。

136．折页

中级　　难度星级：☆☆☆★★　　知识点：计算

一天，小明的爸爸把一本 45 页的书折起了一页纸，然后对小明说："除了我折起的这页纸外，其余的页码之和正好为 1000。你知道我折起的这页纸的两个页码是多少吗？"

你能帮小明算一下吗？

137．骑不到的地方

中级　　难度星级：☆☆☆★★　　知识点：考虑自身因素

儿子和爸爸坐在屋中聊天。儿子突然对爸爸说："我可以骑到一个你永远骑不到的地方！"爸爸觉得这不可能，你认为可能吗？

138．芝加哥需要多少调音师

中级　　难度星级：☆☆★★★　　知识点：收敛思维

在一次演讲中，著名物理学家费米向大家提到了这样一个问题："芝加哥需要多少位钢琴调音师？"

对于这种问题，你知道该如何回答吗？

139．一只猫毁了一个指挥部

中级　　难度星级：☆☆★★★　　知识点：收敛思维

两军交战，红方的一个旅在前线构筑了一座极其隐蔽的地下指挥部。指挥部的人员深居简出，十分诡秘。不幸的是，他们只注意了人员的隐蔽，而忽略了指挥官养的一只小猫。蓝方的侦察人员在观察战场时发现：每天早上八九点钟，都有一只小猫在红方阵地后方的一座土包上晒太阳。

据此，他们判定那个掩蔽点一定是红方的高级指挥所。随后，蓝方集中 6 个炮兵营的火力，对那里实施猛烈攻击。

事后查明，他们的判断完全正确，这个红方地下指挥所的人员全部阵亡。

你知道他们判断的依据是什么吗？

140. 通缉犯的公告

中级　　难度星级：☆☆☆★★　　知识点：变化

某地区的警察张贴了一张一年前发生的抢劫案通缉犯的公告，上面有通缉犯的照片，以及身高、年龄等资料。有一个人看了看公告，却说："这里面有一个信息是错误的。"这个人完全不认识这个通缉犯，但是他怎么知道有一个信息是错误的呢？这个错误信息又是什么呢？

141. 偷吃鸡蛋

中级　　难度星级：☆☆☆★★　　知识点：关联

早上，妈妈煮了 3 个鸡蛋给 3 个孩子吃。可是在她去厨房盛粥的空当，放在桌子上的鸡蛋被 3 个孩子中的一个偷偷吃掉了。妈妈问是谁偷吃的，3 个孩子都不承认。妈妈很生气，非要找出是谁干的。于是，妈妈拿来一杯水和一个空盘子。很简单就试出了到底是谁偷吃的鸡蛋。

你知道妈妈是怎么做的吗？

142. 谁是罪犯

中级　　难度星级：☆☆★★★　　　知识点：关键点

市中心最繁华的地方新开业的一家珠宝公司，突然闯进来一名男子，抡起锤子一敲，珠宝展柜的玻璃哗啦一声碎了。没等店员反应过来，男子趁乱抢走了大量珠宝首饰，逃之夭夭。

警方赶到现场，发现这些展柜所用的玻璃都是防盗玻璃。这种玻璃别说用锤子，就是用枪都打不碎。这是怎么回事呢？劫匪到底是谁？

143. 巧辩冤案

中级　　难度星级：☆☆☆★★　　　知识点：对比

唐朝李靖担任岐州刺史的时候，被人诬告他谋反。唐高祖李渊派御史大夫刘成连同告状者一起前去审理此案。刘成与李靖素有私交，也了解他的为人，知道必是有人诬告。无奈告状者准备充足，罗列了大量罪证。

一天早上，告状者看到一脸惊慌的刘成正在责骂鞭打他的随从，忙过来询问缘由。刘成回答说："他弄丢了你写的状子。皇帝让我们办此事，现在状子丢了，皇帝会认为我们与李靖私通，不会放过我们的。"

告状者也感到了问题的严重性，忙问刘成有什么解决之法。刘成说："只有把此事隐瞒下来，请你再重新写一份状子补上，这样谁也不会知道。"

告状者想了想，没有别的办法也只好如此了。于是重新写了一份状子，交给刘成。

结果过了几天，皇帝就下令捉拿告状者，并释放了李靖。

你知道这到底是为什么吗？

144. 影射

中级　　难度星级：☆☆☆★★　　知识点：含义

一天，大书法家王羲之路过一家米铺，被热情的店主拦住，央求他给题个字来壮大门面。王羲之知道此人的店铺经常以次充好、缺斤短两，坑骗顾客，就当即挥毫写下了一个"恳"字。店主如获至宝，将字挂在店中炫耀。一天，一个秀才路过见了这幅字，微笑着对财主说："这是人家在讽刺你。"经指点，店主才恍然大悟，一气之下将字幅撕了。

你知道这幅字影射了店主什么吗？

145. 他在干什么

中级　　难度星级：☆☆☆★★　　知识点：猜谜

一天放学后，小明写完作业打算去找同学小刚玩。到了小刚家门口，遇见了小刚的爸爸。小明说要找小刚玩，小刚的爸爸说："不行啊，他正忙着呢！"

小明问："作业早就应该写完了，他在忙什么呢？"

小刚的爸爸拿出一张小刚写的纸条交给小明，说："这是小刚写的，你看明白了就知道他在干什么了。"只见纸条上写着："他一句，我一句，他说千百句，我也说千百句。我说的，就是他说的。"

你知道小刚在干什么吗？

146. 青铜镜

中级　　难度星级：☆☆★★★　　知识点：猜谜

考古学家在西北某地发掘到了一面罕见的青铜镜。青铜镜背面除了一些装饰花纹外，居中还铸着一只猴子和一头牛，但奇怪的是这猴子和牛只有身子却没有头。

考古学家们经过反复研究，认为这个图案很可能隐藏着青铜镜的制造年代。王教授对猜谜颇有研究，他分析说这两个图案表示着两个字，这两个字结合在一起，正符合中国古代天干地支纪年法，也确实暗示着制造的年代。那么，你知道这个青铜镜的制造年代吗？

147．加标点

中级   难度星级：☆☆☆★★   知识点：断句

古时候，有个好心的私塾先生，他在招收学生时，如果对方是富家子弟他就收取报酬，如果对方是穷人家的孩子，他就免收学费。为此他特意在招生告示的收取报酬方法中写下如下一行字：无米面也可无鸡鸭也可无鱼肉也可无银钱也可。整句没有一个标点，遇到穷人来，用一种读法；遇到富家子弟来，就用另一种读法。你知道他分别是怎样读的吗？

148．阿凡提点标点

中级   难度星级：☆☆☆★★   知识点：断句

财主巴依家里过年时贴出一副炫耀财富的对联，上联是"养猪大似象耗子已死完"，下联是"酿酒缸缸好做醋坛坛酸"。一次阿凡提经过，想捉弄一下财主，就偷偷地在对联上点了两个逗号，意思就完全变了。巴依发现了之后，被气得昏了过去。

你知道阿凡提是怎样点的标点吗？

149．巧加标点

中级   难度星级：☆☆☆★★   知识点：断句

从前有一个大地主，自己要过60大寿，就让自己村子的秀才给他写副对联贺寿，秀才想了想，就写下，上联：养猪大如山老鼠只只死；下联：儿媳子孙多病痛全绝根。地主看了之后觉得很满意，就把对联贴在了门上，但是对报酬只字未提，也不请秀才到家里喝酒。

秀才看到地主这么刻薄，就想整整他。于是趁着天黑，秀才在对联上加了几个标点符号，意思完全变了。等到第二天来贺寿的人看到这副对联，都惊讶得目瞪口呆，天下竟有这样的对联。

到底这副对联变成了什么样子呢？

150. 添加标点

中级　　难度星级：☆☆☆★★　　知识点：断句

有位书生上京赶考，正赶上过年，便寄了一封家书向父母报平安。他的信是这样写的：父母大人拜上新年好晦气全无人丁兴旺读书少不得五谷丰登。全文没有加一个标点符号。

书生的父母看到信后老泪纵横，不远千里去寻找儿子。儿子见到父母亲自前来很是惊讶："我不是报过平安了吗？你们怎么来了？"

老父拿出书信，读了一遍：父母大人拜上：新年好晦气，全无人丁兴旺。读书少，不得五谷丰登。儿子这才知道原来是父母弄错了，其实他的本意并非如此。

你知道书生的本意是什么吗？

151. 借据回来了

中级　　难度星级：☆☆☆★★　　知识点：纠正错误

一次张三借给了李四 10 万块钱，写好了借据，签上了名字。规定借款期为 1 年，利息 10%。但是张三不小心当天就把借据弄丢了。他非常着急，如果李四知道张三把借据弄丢了肯定不会还这笔钱的。张三只好找好朋友王五帮忙。王五想了想，叫张三给李四写一封信，李四接到信后，不久就把自己向张三借过钱的证据寄给了张三。

你知道张三是怎么做到的吗？

152. 被篡改的对联

中级　　难度星级：☆☆★★★　　知识点：改字

清朝时期，某地有位财主，欺压百姓，横行乡里。父子俩用钱各买了一个"进士"功名，婆媳俩也被封为"诰命夫人"。这年春节，财主非常得意，便请人写了一副对联贴在大门外：

父进士，子进士，父子都进士；

妻夫人，媳夫人，妻媳同夫人。

有人看不过去，就趁着天黑，偷偷地加了几笔。第二天，财主一看，顿时气得晕了过去。

你知道这副对联被改成什么了吗？

153. 一副对联

中级　　难度星级：☆☆☆★★　　知识点：猜谜

有一年，清朝的乾隆皇帝邀请一位老寿星赴宴。乾隆以这位寿星的岁数为题，写了对联的上联，想考考大臣们，博学多才的大臣纪晓岚很快对出了下联。乾隆的上联是：花甲重开，又加三七岁月。纪晓岚的下联是：古稀双庆，更多一度春秋。这副对联不仅对称工整，而且上下联各自包含了一道答案相同的应用题，而这个答案就是老寿星的年龄。

你知道这位老寿星的年龄是多少吗？

154. 奇怪的对联

中级　　难度星级：☆☆☆★★　　知识点：多音字

有一户人家门上的对联是这么写的：

上联：长长长长长长长；

下联：长长长长长长长；

横批：长长长长。

他们家是卖豆芽的，你知道这副对联该怎么读吗？

155. 不同的读法

中级　　难度星级：☆☆☆★★　　知识点：断句

有一个人经常打官司，不胜其烦。过年时，他对家人说："今年谁也不能再打官司了。"为了实现自己的愿望，他在门口贴了一副对联，上面写着：今年好晦气少不得打官司。只是没有加标点。有个邻居来他家串门的时候，就问他为什么要写这么丧气的对联，难道还想继续打一年官司吗？到底是怎么回事？

156. 密电

中级　　难度星级：☆☆☆★★　　知识点：猜谜

公安机关截获某犯罪团伙的一封密电。

电文如下："吾合分昌叁叴垄聚鑫。"

你能破译这封密电吗？

157. 取货地点

中级　　难度星级：☆☆★★★　　知识点：猜谜

警察截获了一份罪犯之间联系的信息，上面说："明日下午 4 点在街口公园中心的松树顶取货。"

警察迅速赶到现场，发现附近只有一棵松树。但是树很高，根本无法在上面放东西。这是怎么回事呢？难道信息有误？应该不会。经过他们认真推理，终于在信息中约定的时间和地点找到了赃物。

你知道这是怎么回事吗？

158. 破解短信

中级　　难度星级：☆☆☆★★　　知识点：猜谜

公安机关截获某犯罪团伙的一条短信，短信内容如下：青争人圭木娄王久号虎耳又牛勿。

你能破解这条短信吗？

159. 暗含成语的数字

中级　　难度星级：☆☆☆★★　　知识点：猜谜

以下数字中都暗含了一个成语，请大家把它们写出来。

3.5（　）；

2+3（　）；

333 和 555（　）；

9 寸 + 1 寸 =1 尺（　）；

1256789（　）；

12345609（　）；

23456789（　）。

160. 杨修巧解字意

中级　　难度星级：☆☆☆★★　　知识点：猜谜

一次，曹操收到一盒酥饼，就在盒子上竖着写了"一合酥"3 个大字，放在了门口的案台上。大家都不明白是什么意思，主簿杨修看见了，就把酥饼分给大家一起吃了。曹操满意地笑了。

你知道曹操写的 3 个字是什么意思吗？

161. 有趣的招牌

中级　　难度星级：☆☆☆★★　　知识点：多音字

有一家商行叫"行行行"，顾客却常将店名读错，于是，行主便贴了一张告示在门口，曰："凡读对本商行名称的顾客，买一送二。"结果顾客蜂拥而至，生意越来越兴隆。

在《现代汉语词典》里，"行"有 4 种读音：

①读 xíng，如行路、举行、行李、行善、行云流水等；

②读 háng，如银行、行业、行当、行话、行情等；

③读 hàng，如"果园里的树行子"等；

④读 héng，就是"道行"，本意指僧道修行 (xíng) 的功夫，喻指人们已经练就的技能本领。

还有一种读音为 xìng，表明品质或举止行为，如德行等。这个读音现在根据《普通话异读词三次审音总表初稿》规定读 xíng 而不读 xìng，但在民间语言里也还常读作 xìng，如"此人德行 (xìng)真好"。

读者朋友，请你根据上述"行"的读音及其意义，思考一下"行行行"这个商行的名称怎么读？

162. 是不是

高级　　难度星级：☆★★★★　　知识点：断句

请试着在下面的 3 段文字里加入适当的标点符号，使 3 段文字能读通。

（1）是不是不是是不是不是是不是是；

（2）是是不是不是不是是是不是不是是；

（3）不是是不是是不是是不是是不是不是是。

163. 郑板桥劝学

中级　　难度星级：☆☆☆★★　　知识点：猜谜

一天，郑板桥路过一家学堂，发现很多孩子都在玩闹，而没有学习，便上前劝说。无奈，孩子们贪玩，对他的话不加理会。所以郑板桥说："这样吧，我给你们猜个谜语，你们如果能够猜出来，就可以继续玩；要是猜不出，就要好好读书。"

孩子们答应了。郑板桥看了一眼旁边厨房里的一样东西随口说道："嘴尖肚大个不高，放在火上受煎熬。量小不能容万物，两三寸水起波涛。"

孩子们猜了半天也没有猜出谜底，只好去读书了。

你知道谜底是什么吗？

164. 巧骂财主

中级　　难度星级：☆☆☆★★　　知识点：猜谜

清代乾隆年间，有一个财主，甘心做衙门的走狗，欺压百姓。这个人没什么文化，却总爱附庸风雅。

一次，他想重金请郑板桥为他题字。郑板桥平时向来看不惯这种人，但这次却爽快地答应了。郑板桥挥毫写下了"雅闻起敬"4个大字。并告诉财主把每个字的偏旁部首都漆成与字不同的颜色，这样效果更加突出。财主想都没想就接受了郑板桥的建议。可是牌匾挂了几天就被财主摘下来了。因为很多人都因为这块匾笑话他。

你知道这是为什么吗？

165. 情侣问路

初级　　难度星级：☆☆☆☆★　　知识点：猜谜

一对情侣在深山里游玩迷了路，在一个路口遇到一个老大爷在树边休息，于是两人走上前去问路。老大爷说："要女孩走开。"

男孩有点儿奇怪，但为了满足老大爷的要求，还是让女孩到旁边去等自己，再向老大爷问路。老大爷还是那句话："要女孩走开。"

男孩无奈地说："我已经让她走开了，您快告诉我该走哪条路吧。"

老大爷说："我已经告诉你了。"

你知道老大爷是怎么告诉他的吗？

166. 隐藏的诗

中级　　难度星级：☆☆★★★　　知识点：语序

下面有一个用文字堆起来的山，其实它是一首诗，你看出来了吗？从哪里开始读呢？

开

满山

杏山桃

山景好山

山看客山来

山仙山僧山中

崖山转路山中山

167. 加标点

中级　　难度星级：☆☆★★★　　知识点：断句

古文中很多都没有标点，这让我们读起来和理解起来有很大的不便之处。下面就是一段古文，你能给它加上适当的标点，让其通俗易懂吗？

"知止而后有定定而后能静静而后能安安而后能虑虑而后能得"

168. 水

初级　　难度星级：☆☆☆☆★　　知识点：猜谜

（1）什么字1滴水？

（2）什么字2滴水？

（3）什么字4滴水？

（4）什么字 6 滴水？

（5）什么字 10 滴水？

（6）什么字 11 滴水？

169. 答非所问

中级　　难度星级：☆☆☆★★　　知识点：猜谜

甲、乙两个陌生人第一次相见，聊得很投机，其中甲问乙："请问你姓什么？"

乙回答说："没心思。"

甲："……你姓什么？"

乙："我不是已经告诉你了吗？"

请问乙到底姓什么呢？

170. 出门旅游

中级　　难度星级：☆☆☆★★　　知识点：猜谜

小明高考完毕之后打算去几个城市旅游，朋友问他想去哪些城市，小明回答说："海上绿洲，四季花红，风平浪静，银河渡口，巨轮启动，不冷不热的地方，这些我都要去。"

弄得朋友有点儿丈二和尚摸不着头脑。

你知道小明到底想要去哪几个城市吗？

171. 谜语解谜语

中级　　难度星级：☆☆☆★★　　知识点：猜谜

司马光听说黄庭坚文采非凡，便想请他做自己的助手。一天，他邀请黄庭坚来家中做客。闲聊的时候，司马光随口出了一个谜语："荷花露面才相识，梧桐落叶又离别。"

黄庭坚一听，马上就弄懂了司马光的意思，随口也出了一个谜语："有户人家没有墙，英雄豪杰里面藏。有人说他是关公，有人说是楚霸王。"

司马光一听哈哈大笑，对黄庭坚刮目相看。

你知道两个人的谜语都是什么吗？

172. 聪明的杨修

中级　　难度星级：☆☆☆★★　　知识点：猜谜

曹操身边有个谋士叫杨修，此人非常聪明。一次，曹操派人修建宫殿，完毕之后前来巡查，巡查之后比较满意，但也有些细微之处略感不悦。临走时，曹操什么话也没说，只在大门上写了个"活"字，弄得一帮工匠不知如何是好。杨修建议大家把大门重新修建，扩大一些。如此改过之后，令曹操很是满意。

你知道曹操的那个"活"字是什么意思吗？

173. 美食家

中级　　难度星级：☆☆★★★　　知识点：猜谜

有一个小饭馆新开张，请来一位美食家给自己的菜做点评。美食家尝了几个菜之后，写下了这样几句话："刘备求计问孔明，徐庶无事进曹营；赵云难勒白云马，孙权阵前乱点兵。"写完就走了。

店家看了看这几行字，也是一头的雾水。

你知道美食家的几句话到底是什么意思吗？

174. 猜成语（1）

中级　　难度星级：☆☆☆★★　　知识点：猜谜

妈妈下班回到家，小明让妈妈陪他玩游戏。只见妈妈把电视机打开，看了几秒钟电视节目，然后又把电视机关掉了，接着对小明说："我刚才的两个动作分别猜一个成语，你要是能猜对，晚上我就给你做好吃的。"

你能帮助小明猜出这两个成语是什么吗？

175. 猜成语（2）

中级　难度星级：☆☆☆★★　知识点：猜谜

晚饭后，妈妈打算帮小明缝衣服。于是拿来针和线，对着灯光穿了起来。爸爸在一旁看到了，对小明说："刚才妈妈的动作可以猜一个成语，你知道是什么吗？"

176. 见机行事

中级　难度星级：☆☆☆★★　知识点：猜谜

一天，小明带着几名同学去拜访一位德高望重的老先生，走到他家门口时发现门上写着一个"心"字。同学们都很纳闷，只见过有人在门上贴"福"字的，没见过有人在门上贴"心"字的，只有小明猜到了老先生的意思，带着同学们离开了。过了几天，小明又带着同学们去拜访老先生。这次他们在门上看到一个"木"字，小明便开开心心地带着同学们进去了。

你知道这是为什么吗？

177. 数字对联

初级　难度星级：☆☆☆☆★　知识点：猜谜

郑板桥在当县令的时候是个勤政爱民的好官。一次，他去体察民情，看到一家大门上贴着一副对联：上联是"二三四五"，下联是"六七八九"。郑板桥看到这里便命人买来几袋大米和一些衣物送了过来。下属都很奇怪，为什么那么多家，他单给这家送米送衣呢？

178. 地主的刁难

中级　　难度星级：☆☆☆★★　　知识点：针锋相对

一个地主不愿给长工工钱，便对长工说："你只要回答出我的问题，我就把工钱给你；如果你回答不出，就别来要工钱了。"问题是"我把一只5千克的鸡装进一个只能装1千克水的瓶子里，你用什么办法可以把它拿出来？"

长工一听，顿时傻了眼，不知该如何回答。

聪明的读者，你知道该怎么对付这个地主的刁难吗？

179. 左读右读

中级　　难度星级：☆☆☆★★　　知识点：猜谜

有一对情侣很有趣，喜欢猜谜。一天两个人一起去超市买东西。男孩说："我想买一样东西，两个字，从左往右读，喝得心里甜，从右往左读，会飞不是鸟。"女孩说："我想买一样东西，也是两个字，从左往右读，营养很丰富，从右往左读，很壮不干活。"

你能猜出这对情侣都要买什么东西吗？

180. 谜对谜

中级　　难度星级：☆☆☆★★　　知识点：猜谜

王安石与王吉甫是好朋友，一次两人见面后，相互出谜语猜谜。王安石先出题："画时圆，写时方，冬天短，夏天长。"

王吉甫想了一下就知道了答案，但是他没有直接说出来，而是用另外一个谜语回答："东海有条鱼，无头亦无尾，去掉脊梁骨，便是你的谜。"

王安石听了之后与王吉甫相视而笑。

你知道他们的谜底是什么吗？

181. 对对联

中级　　难度星级：☆☆☆★★　　知识点：猜谜

两个秀才在一起比学识，他们来到江边看江景，其中一个秀才指着远处一只飞鸿出了一句上联："鸿是江边鸟"。这个对联很难，把"鸿"字分开，即是一个"江"一个"鸟"。另外一个秀才想了半天也没有想出好的下联。突然，远远地看到一个养蚕的老妇人，让他顿时有了灵感，随即对出了下联。

你知道下联是什么吗？

182. 戏弄和珅

中级　　难度星级：☆☆☆★★　　知识点：猜谜

纪晓岚与和珅速来不和。一次，和珅新建了一处庭院，请纪晓岚为他提个匾。纪晓岚马上就答应了他，随即提笔写下了"竹苞"两个苍劲有力的大字。和珅以为纪晓岚这两个字是取自"竹苞松茂"，甚是喜欢，马上挂了起来。

可是没过多久，就有很多人取笑他。和珅了解真相后非常生气，把匾摘下来砸了个粉碎。

你知道他为什么要砸匾吗？

183. 免费住店

中级　　难度星级：☆☆☆★★　　知识点：猜谜

又到了科举考试的时期，京城里聚集了很多各地的考生，把大大小小的客栈都住满了。"喜客来"客栈的王老板是个爱才之人，对住在店中的赶考书生们说："我这里有一个谜语，你们如果谁能答出来，我的店钱和饭钱可以全免。"考生们高兴地答应了。

王老板说出自己的谜语："唐虞有，尧舜无；商周有，汤武无。

猜一字。"

秀才甲马上对道："跳者有，走者无；高者有，矮者无。"

秀才乙接着说道："善者有，恶者无；智者有，蠢者无。"

秀才丙接着说道："右边有，左边无；凉天有，热天无。"

秀才丁接着说道："哭者有，笑者无；活者有，死者无。"

王老板非常高兴，因为这 4 名考生的谜语的谜底都与自己的谜底完全相同。当即，王老板免了这 4 名考生的店钱。

你猜出这些谜语的谜底了吗？

184. 孔子猜 3 天

中级　　难度星级：☆☆☆★★　　知识点：猜谜

一个字很简单，9 横 6 竖。问孔子是什么？孔子猜 3 天。

你知道这到底是什么字吗？

185. 歪打正着

中级　　难度星级：☆☆☆★★　　知识点：猜谜

小明的妈妈在动物园工作。一天，妈妈的同事来家中做客，带了一个可爱的老虎模型。同事把老虎模型放在小明家的一个盆景假山上，对小明说："你可以做两个动作，分别代表一个成语。如果你做对了，我就把这只老虎送给你。"

小明非常喜欢这个老虎模型，但是他答不出来。拿起老虎玩了一会儿，又惋惜地放了回去。没想到同事竟然把老虎模型送给了小明，还夸他聪明。你知道这是怎么回事吗？

186. 巧读诗句

中级　　难度星级：☆☆★★★　　知识点：断句

下页图是一个由 13 个汉字组成的环，你可以按一定的顺序和断句，将其切断成为一首诗词。你看看一共有多少种读法呢？它们都怎么读？

187. 迷信的人

中级　　难度星级：☆☆☆★★　　知识点：猜谜

一个人去朋友家拜访，看到朋友正准备砍自家院子中的一棵大树。这个人便问："这棵树长得很好，平白无故为什么要砍掉它呢？"

朋友回答说："你看，我们家的院子是四四方方的，像个'口'字。里面有棵树，不变成了'困'嘛。怪不得我们的日子过不好！"

这个人一听，原来他竟然如此迷信，想劝他放弃砍树的想法。他该如何说服朋友呢？

188. 纪晓岚题诗

中级　　难度星级：☆☆★★★　　知识点：诗句

一次，乾隆皇帝得到一幅《百鹅图》，召集众臣前来观赏并题诗。众官没有敢动手的，只有纪晓岚毫无顾忌，上前刷刷刷大笔一挥，写下了两句：鹅鹅鹅鹅鹅鹅鹅，一鹅一鹅又一鹅。

刚写到这里，大臣们开始议论纷纷，觉得纪晓岚的文笔太差了，这种拙作也敢拿出来给皇上看。

　　只见纪晓岚不动声色，继续写下了后两句诗句。乾隆一看不禁拍手叫好，群臣也无不羞愧低头。

　　你知道纪晓岚的后两句诗写的是什么吗？

189. 讽刺慈禧

　　中级　　难度星级：☆☆☆★★　　知识点：猜谜

　　据说在慈禧太后修建颐和园的时候，请了一位画师为她的仁寿殿画一幅屏风。画师一向痛恨慈禧太后，但又不敢违背命令，只好勉强答应。

　　到了献画的那天，慈禧带着文武百官一起来赏画。只见画师画了一个仙童，托着一个寿桃。后面整齐地站着西方各国的军队。旁边一个大臣阿谀奉承地说："这是仙童贺寿，万国来朝！好！好！"慈禧也很满意，赏赐了画师，让他离开了。

　　可是过了不久，慈禧终于想明白了，这幅画是在讽刺自己。再去找那位画师，人已经逃走了。

　　你知道画师的真正意思是什么吗？

190. 书童取物

　　中级　　难度星级：☆☆☆★★　　知识点：猜谜

　　北宋大文学家苏东坡和一个寺庙的和尚关系非常好。一天，他让自己的书童去寺庙中和尚处取一样东西。书童问取什么，苏东坡回答说："你只要穿上木屐，戴上草帽，站在他的面前，他就知道我让你去取什么了。"果然，当书童出现在和尚面前时，和尚一看书童的打扮，就立即把苏东坡要的东西交给了书童。

　　你知道苏东坡让书童去取什么东西吗？

191. 聪明的唐伯虎

中级　　难度星级：☆☆☆★★　　知识点：猜谜

在唐伯虎年轻的时候，一次，他去山林中拜访隐居的名师。他走着走着竟然迷了路，在岔路口处有左、中、右3条大路，唐伯虎不知道该往哪个方向走。这时，他看到从远处走来一位姑娘。唐伯虎上前问路。姑娘知道他就是江南四大才子之首，便存心想考考他，在地上写了个"句"字。唐伯虎想了一会儿，对姑娘深鞠一躬，向左边的那条路走去。你知道唐伯虎为什么走那条路吗？

第五章

抽象思维法

抽象思维法就是利用概念，借助语言符号进行思维的方法。其主要特点是通过协调运用分析、综合、抽象、概括等基本方法，揭露事物的本质和规律。

抽象思维是思维的高级形式，又称为抽象逻辑思维或逻辑思维。从具体到抽象，从感性认识到理性认识必须运用抽象思维方法。

在学习和运用抽象思维时要注意以下5点。

（1）要学习掌握和运用科学概念、理论和概念体系。

（2）要掌握好和用好语言系统。

（3）要重视科学符号的学习和运用。

（4）与思维的基本方法密切配合运用。

（5）与抽象记忆法、理解记忆法及其他的方法联合训练，可以起到互相促进的较佳效果。

兔子是什么？如果你说："那些'耳朵长长的、眼睛红红的、尾巴短短的，喜欢吃胡萝卜'的小动物就是兔子！"这说明，你已经学会了运用"抽象思维"了！与形象思维相反，抽象思维就是找到一些形象的共同点，然后把它们加以概括和提炼，得到了一种深层次思考的概念或道理。当我们说"兔子"的时候，正是把它们的共同特征（耳朵长长的、眼睛红红的、尾巴短短的，喜欢吃胡萝卜）给"抽象"了出来。

另外，在上面的那句话中还说到了一个词，也是抽象出来的，就是"动物"。什么是动物？猪、狗、虎和恐龙等，都是动物，我们把它们最根本的特征"动"给"抽象"了出来，于是创造了代表一类生物的名词："动物"。

抽象思考的方法很重要，如果我们没有抽象出"动物"这个词，想要描述动物们的情况，就需要每次都把猪、狗、虎和恐龙等从头到尾地说一遍——这样讲话，恐怕会把人累坏的，而且动物也没有讲全。

192. 最短路线

中级　　难度星级：☆☆☆★★　　知识点：展开图

有一个正方体的屋子，在一个角处有一只蜘蛛，它想爬到对面那个角上去，你能帮它设计出一条最短的路线吗？

193. 家庭活动

中级　　难度星级：☆☆★★★　　知识点：公倍数

有一家3口，爸爸在民航工作，每3天休息一天；妈妈是医生，每5天休息一天；豆豆在外地上学，每6天回一次家。这周日一家3口刚刚一起去看了场电影，他们约定下次还一起在家的时候就去欢乐谷，你知道他们最早要多少天以后才能一起去吗？

194. 掷骰子

中级　　难度星级：☆☆★★★　　知识点：概率

用两颗骰子抛出7点，搭配有1和6、2和5、3和4，抛出8点的搭配有4和4、3和5、2和6。那么掷出7点和8点的概率一样吗？

195．四姐妹的年龄

中级　　难度星级：☆☆☆★★　　知识点：分解因数

一家有 4 个姐妹，她们 4 个人的年龄乘起来的积为 15。那么，她们各自的年龄是多大（年龄应为整数）？

196．卖糖果

高级　　难度星级：☆★★★★　　知识点：等比数列

小新的爸爸开了个糖果店，周日的时候，爸爸让小新帮忙看店，自己有事出门。之前有个人说要定购一批糖果，只记得是不超过 1500 颗糖，但是具体数字一直没有确定下来，周日来拿。不巧的是小新不会包装糖果，爸爸就把 1500 颗糖包装成了 11 包，这样顾客无论要买的是多少颗，都可以不用打开包装直接给他了。你知道爸爸是怎么包的吗？

197．商人卖酒

中级　　难度星级：☆☆★★★　　知识点：凑数字

有一个商人用一个大桶装了 12 升酒到市场上去卖，两个酒鬼分别拿了 5 升和 9 升的小桶，其中一个要买 1 升，另一个买 5 升。这时，又来了一个人，什么也没拿，说剩下的 6 升酒连同桶在内他都要了。奇怪的是他们之间的交易没有用任何其他的称量工具，只是用这 3 个桶倒来倒去就完成了。你知道他们是怎么做的吗？

198．巧取 3 升水

中级　　难度星级：☆☆★★★　　知识点：凑数字

假设有一个池塘，里面有无穷多的水。现有 2 个空水壶，容积分别为 5 升和 6 升。如何只用这 2 个水壶从池塘里取得 3 升的水？

199. 卖酒

中级　　难度星级：☆☆★★★　　知识点：凑数字

超市里有两桶满的白酒，各是 50 斤。一天，来了两个顾客，分别带来了一个可以装 5 斤和一个可以装 4 斤酒的瓶子。他们每人只要买 2 斤酒。如果只用这 4 个容器，你可以给他们俩的瓶子里各倒入 2 斤的酒吗？

200. 特别的称重

中级　　难度星级：☆☆★★★　　知识点：凑数字

宇华在实验室做实验，他要用 3 克的碳酸钠作为溶质，但是他的手边只有一袋标着 56 克、没有拆封的碳酸钠，还有一架只有一个 10 克砝码的天平。这时，实验室只有他一个人，也找不到其他的称量工具。在现有的条件下，他该怎样称出 3 克的碳酸钠来呢？

201. 买桃子

中级　　难度星级：☆☆★★★　　知识点：偷换概念

有个农民想让自己的儿子小明去镇上买桃，左右邻居知道了，也想托小明捎点儿回来。3 个人每人给了小明 20 元，小明便用这 60 元买回来一大袋桃子，分给 3 家。平分后，小明说，商贩看他买得多，就要了 50 元，还剩 10 元拿回来了。3 人每人要了 2 元，给小明留下 4 元作为酬劳。小明高高兴兴地走开了，回头算账时，他却陷入了疑惑：3 人每人退回 2 元，相当于每人花了 18 元，共 54 元，自己还留了 4 元，这样的话一共是 58 元。可是当初自己明明拿了 60 元，那么还有 2 元哪里去了呢？

202. 销售收入

中级　　难度星级：☆☆☆★★　　知识点：等差数列

一个做了 4 年公务员工作的人，放弃公职，接受了一份销售的工作。干了一段时间后，有个朋友问起他的基本情况。他说："我已经工作好几个月了。第一个月的时候，我拿到的薪水和我做公务员时的工资一样，5000 多元。后来，每个月我的工资都能涨 230 元。没有多长时间，我的工资就有 7000 多元了。而从做销售到现在我已经赚了整整 63810 元了。"请问：这个人做公务员时工资是多少？

203. 贪心的渔夫

中级　　难度星级：☆☆★★★　　知识点：等比数列

有一个渔夫得到了捕鱼的秘技，每天打的鱼都是前一天的 3 倍。结果等到第五天的时候，教他秘技的人说："我告诉你每天不能超过 10 条鱼，你现在 5 天已经打了 1089 条了。你以后一条鱼也打不到了。"渔夫郁闷地说："我听您说是'第一天不能超过 10 条鱼'。"请问他这几天，每天打了几条鱼？

204. 公共汽车

中级　　难度星级：☆☆★★★　　知识点：调和平均数

一个人沿着街走，每 2 分钟迎面开来一辆公共汽车，每 8 分钟身后开来一辆公共汽车，问该公共汽车几分钟发一趟车？

205. 公平分配

中级　　难度星级：☆☆☆★★　　知识点：等分

3 人共同出钱，到镇上去买生活用品，回来后，除了酒之外的其他物品都可以均匀地分成 3 份。由于当时粗心大意，回来后他们才发现买的 21 瓶酒被商家动了手脚：最上面的 7 瓶是满的，中间一层的 7 瓶酒都只有一半，而最下面一层的 7 瓶是空瓶子。去找商家讨账是不太现实的了，3 个人如何公平地分这些酒呢？（提示：两个半瓶可以合为一个满瓶）

206．巧分银子

中级　　难度星级：☆☆☆★★　　知识点：等差数列

10 个兄弟分 100 两银子，从小到大，每两人相差的数量都一样。又知第八个兄弟分到 6 两银子，请问每两个人相差的银子是多少？

207．酒徒戒酒

中级　　难度星级：☆☆★★★　　知识点：等比数列

有一个人对酒上瘾，一天 3 顿饭离不开酒，看电视时要喝酒、写东西时要喝酒、无聊了要喝酒、高兴了也要喝酒。但是长此以往身体就扛不住了，医生给他支个招："你这样，第一次喝完之后，你能坚持 1 小时以后再喝吗？"他说："可以。"医生说："那好，第二次间隔时间变成 2 小时，这样可以做到吗？"他说："可以。"医生说："那接下来，第三次的间隔时间是 4 小时，依此类推，第四次是 8 小时……每次间隔时间都是上次的两倍。如果你能坚持，一定能戒掉酒的。"你知道这是为什么吗？

208．往返旅行

中级　　难度星级：☆☆★★★　　知识点：平均速度

某人进行一次 C 和 D 之间的往返旅行，希望在整个旅行中能够达到 60 千米／时的平均速度，但是当他从 C 到达 D 的时候发现平均速度只有 30 千米／时，问：他应当怎么做才能够使这次往返旅行的平均速度达到 60 千米／时？

209. 分割立方体

中级 难度星级：☆☆☆★★ 知识点：立体思维

有一个长、宽、高都是 3 厘米的立方体，在它的 6 个表面上都涂上油漆。现在将它锯成 27 块长、宽、高都是 1 厘米的小立方体。请问：小立方体中，3 面有油漆、两面有油漆、一面有油漆和没有油漆的立方体各有几个？

210. 红黑相同

中级 难度星级：☆☆★★★ 知识点：概率

现有一副去掉两张王的扑克牌共 52 张。把它洗匀后，分成 A、B 两组，各 26 张。请问，这时 A 组中的黑色牌数和 B 组中的红色牌数相同的概率有多大？

211. 神奇的公式

中级 难度星级：☆☆★★★ 知识点：公式

魔术师有一个神奇的公式，只要你按照他的公式计算出答案，他就可以知道你的出生日期和年龄。这个公式是这样的：（4 位的出生月日）×100+20×10+165+（2 位的年龄）=？

你知道这是为什么吗？

212. 不变的 3 位数

中级 难度星级：☆☆☆★★ 知识点：公式

随便写一个 3 位数，然后在这个 3 位数后面再写一次这个 3 位数，这样就变成了一个六位数。把这个六位数除以 7，然后用结果除以 11，最后再除以 13，所得的结果还是这个 3 位数。你知道这是为什么吗？

213. 奇怪的 3 位数

中级　　难度星级：☆☆☆★★　　　知识点：整除、公倍数

有一个奇怪的 3 位数，减去 9 正好可以被 9 整除，减去 8 正好可以被 8 整除，减去 7 正好可以被 7 整除。你知道这个 3 位数是多少吗？

214. 谁对谁错

中级　　难度星级：☆☆★★★　　　知识点：逻辑关系

小王的女朋友约小王明天一起去看电影；但是小王想和同事去看球赛，就对她说："如果明天天气晴朗，我就去看球赛。"第二天，天下起了毛毛细雨，小王的女朋友很高兴，想着可以和小王去看电影了，谁知小王还是去看球赛了。等两人见面时，小王的女朋友责怪小王食言，既然天都下雨了，为什么还去看球赛；小王却说他没有食言，是他女朋友的推理不合逻辑。

对于两人的争论，下面哪项论断是合适的？（　　　）

A. 两人对天气晴朗的理解不同

B. 小王的女朋友的推论不合逻辑

C. 由于小王的表达不够明确，引起了这场争论

D. 这次争论是没有意义的

E. 小王的女朋友会和小王分手

215. 哪里有问题？

中级　　难度星级：☆☆☆★★　　　知识点：矛盾

请仔细分析一下，下面的两句话有什么问题？

"他是众多空难死者中幸免于难的一个。"

"他忽快忽慢地拍打着桌子，发出非常紊乱的节奏声。"

216．你的话说错了

中级　　难度星级：☆☆☆★★　　知识点：逻辑关系

某校开展学雷锋活动以来，学生中关心集体、助人为乐的人逐渐多起来。某班有一个学生做了一件有益于集体的事，但别人都不知道是谁做的。该班学生小刘对小王说："据我的分析，这件事可能是咱们班小李干的。"

小王颇有把握地说："不，不可能是小李干的。"

后来经过调查，这件事确实不是小李干的，而是该班另一个同学干的。

这时，小王得意地对小刘说："怎么样？你的话说错了，你还说可能是小李干的呢！"

小刘被弄得一时说不出话来。

请问，小刘说的话错了吗？小王对小刘的反驳能否成立？

217．错在哪里？

中级　　难度星级：☆☆☆★★　　知识点：语序

一个年轻人参加一次聚会，遇到了一位漂亮的年轻女士，开始攀谈起来。

年轻人："你结婚了没有？"

女士："还没有。"

年轻人："有几个孩子了？"

女士大怒，瞪了他一眼离开了。

年轻人碰了一鼻子灰，又和另一位漂亮的年轻女士交谈。

年轻人："你有几个孩子了？"

女士："两个孩子。"

年轻人："你结婚了没有？"

这位女士也瞪了她一眼，愤然离去。

年轻人的话到底错在了哪里呢？

218. 什么时候去欢乐谷

中级　　难度星级：☆☆☆★★　　知识点：时间

晚上 10 点，家住北京的明明，看着外面的滂沱大雨，对爸爸说："如果明天天晴了，你带我去欢乐谷玩吧。"爸爸说："明后两天我都要加班。这样吧，如果再过 72 小时，天上出太阳了，我就带你去好不好？"

他们会去欢乐谷玩吗？

219. 正前方游戏

中级　　难度星级：☆☆☆★★　　知识点：方向

（1）两个人在一起玩，A 说："我在 B 的正前方。"B 说："我在 A 的正前方"。这两个人是什么位置关系？

（2）3 个人在一起玩，A 说："B 在我的正前方。"B 说："C 在我的正前方。"C 说："A 在我的正前方。"这 3 个人是什么位置关系？

（3）4 个人在一起玩，A 说："B 在我的正前方。"B 说："C 在我的正前方。"C 说："D 在我的正前方。"D 说："A 在我的正前方。"这 4 个人是什么位置关系。

220. 看报纸

中级　　难度星级：☆☆★★★　　知识点：页码

阅览室新订了一份报纸，4 个人分着看，小王已经看完了 3 张，现在拿在手中的这一张上，左面标的是第 7 页，右面标的是第 22 页，那么，他还有多少张没有看？

221. 谁的收音机

中级　　难度星级：☆☆☆★★　　知识点：逻辑关系

李明的父亲爱用收音机，李明爱用 MP3；另外，我们知道李明既没有兄弟也没有姐妹。有一天他手里拿着一个收音机。有人问他："你手上的收音机是谁的？"他说："收音机的主人的父亲是我父亲的儿子。"你知道收音机是谁的吗？

222. 疑问的前提

中级　　难度星级：☆☆☆★★　　知识点：逻辑关系

张翔："王辉是苹果电脑公司的高级副总裁之一。"

刘丽："怎么可能？他的所有电子产品都是 IBM 生产的。"

对话中，刘丽的陈述隐含的一个前提是（　　）

A. IBM 是苹果公司的子公司

B. 王辉在 IBM 公司做兼职

C. 一般情况下，高级副总裁只用本公司的数码产品

D. 王辉在苹果电脑公司表现不佳

223. 决赛

中级　　难度星级：☆☆☆★★　　知识点：逆否命题

如果某人得到了冠军，那么他一定参加了决赛。由此，我们可以推出（　　）

A. 张三参加了决赛，所以他是冠军

B. 李四没有参加决赛，所以他不是冠军

C. 王五不是冠军，所以他没有参加比赛

D. 赵六没有参加决赛，但他是冠军

224. 新手表

中级　　难度星级：☆☆★★★　　知识点：混淆概念

婧婧买了一块新手表。她与家中的挂钟的时间作了一个对照，发现新手表每天比挂钟慢3分钟。她又将挂钟与电视上的标准时间作了一个对照，刚好挂钟每天比电视快3分钟。于是，她认为新手表的时间是标准的。下面几个对婧婧推断的评价中，（　　）是正确的。

A. 由于新手表比挂钟慢3分钟，而挂钟又比标准时间快3分钟，所以，婧婧的推断是正确的，她的手表上的时间是标准的

B. 新手表当然是标准的，因此，婧婧的推断也是正确的

C. 婧婧不应该拿她的手表与挂钟对照，而应该直接与电视上的标准时间对照。所以，婧婧的推断是错误的

D. 婧婧的新手表比挂钟慢3分钟，是不标准的3分钟；而挂钟比标准时间快3分钟，是标准的3分钟。这两种"3分钟"不是一样的，因此，婧婧的推断是错误的

E. 无法判断婧婧的推断正确与否

225. 防护墙

中级　　难度星级：☆☆☆★★　　知识点：逻辑关系

为保护海边建筑物免遭海洋风暴的袭击，海洋度假地在海滩和建筑物之间建起了巨大的防护墙。这些防护墙不仅遮住了一些建筑物的海景，而且使海岸本身也变窄了。这是因为在风暴从水的一边对沙子进行侵蚀的时候，沙子不再向内陆扩展。上述信息最支持的一项论断是（　　）

A. 为后代保留下海滩应该是海岸管理的首要目标

B. 防护墙最终不会被风暴破坏，也不需要昂贵的维修和更新

C. 由于海洋风暴的猛烈程度不断加深，必须在海滩和海边建筑物之间建立更多的高大的防护墙

D. 通过建筑防护墙来保护海边建筑的努力，从长远来看作用是适得其反的

226. 吃药

中级　　难度星级：☆☆☆★★　　知识点：逻辑关系

一个病房里住着A、B、C、D 4个人，得了同样的病。有一天，护士发放完药物后，由于走神，忘了谁吃了，谁没吃，就又回来问这4个人，4个人因为和护士关系不错，就想逗逗她，分别说了下面一句话。

A：所有的人都没吃药。

B：D没有吃药。

C：不都没有吃药。

D：有人没有吃药。

如果4个人中只有一个断定属实，则以下哪项是真的？（　　）

A. A断定属实，D没有吃药

B. C断定属实，D吃了药

C. C断定属实，D没有吃药

D. D断定属实，D没有吃药

227. 申请基金

中级　　难度星级：☆☆☆★★　　知识点：逻辑关系

8位学者赵教授、钱教授、孙教授、李教授、王所长、陈博士、周博士和沈博士在争取一项科研基金。按规定只有一人能获得该基金。由学校评委投票决定。已知：如果钱教授获得的票数比周博士多，那么李教授将获得该项基金；如果沈博士获得的票数比孙教授

多，或者李教授获得的票数比王所长多，那么陈博士将获得该基金；如果孙教授获得的票数比沈博士多，同时周博士获得的票数比钱教授多，那么赵教授将获得该项基金。

问题1：如果陈博士获得了该项基金，那么下面哪个结论一定是正确的？

A. 孙教授获得的票数比沈博士多

B. 沈博士获得的票数比孙教授多

C. 李教授获得的票数比王所长多

D. 钱教授获得的票数不比周博士多

问题2：如果周博士获得的票数比钱教授多，但赵教授没有获得该基金。那么下面哪一个结论必然正确？(   )

A. 李教授获得了该项基金

B. 陈博士获得了该项基金

C. 李教授获得的票数比王所长多

D. 孙教授获得的票数不比沈博士多

228. 考试及格

中级　　难度星级：☆☆☆★★　　知识点：逻辑关系

如果刘佳考试及格了，那么李华、孙涛和赵林肯定也及格了。由此可知(   )

A. 如果刘佳考试没及格，那么李华、孙涛和赵林中至少有一个没及格

B. 如果李华、孙涛和赵林都及格了，那么刘佳肯定也及格了

C. 如果赵林没有及格，那么李华和孙涛不会都考及格

D. 如果孙涛没有及格，那么刘佳和赵林不会都考及格

229. 语言逻辑

中级　难度星级：☆☆☆★★　知识点：逻辑关系

某地有一名热心的理发师，他只给村子里的所有不给自己理发的人理发，而村子里所有不给自己理发的人都来找这位理发师理发，则这位理发师（　　）

A. 给自己理发

B. 叫人为他理发

C. 从不理发

D. 不存在这样的人

230. 推论

中级　难度星级：☆☆☆★★　知识点：逻辑关系

如果公司拿到项目 A，则 B 产品就可以按期投放市场；只有 B 产品按期投放市场，公司资金才能正常周转；若公司资金不能正常周转，则 C 产品的研发就不能如期进行。而事实是 C 产品的研发正如期进行。由此可见（　　）

A. 公司拿到了项目 A 并且 B 产品按期投放市场

B. 公司既没有拿到项目 A，B 产品也没能按期投放市场

C. B 产品按期投放市场并且公司资金周转正常

D. B 产品既没有按期投放市场，公司资金周转也极不正常

231. 血型问题

中级　难度星级：☆☆☆★★　知识点：逻辑关系

在美国，献血者所献血液中的 45% 是 O 型血，O 型血在紧急情况下是必不可少的，因为在紧急情况下根本没有时间去检验受血者的血型，而 O 型血可供任何人使用。O 型血的独特性在于：它和一切类型的血都相合，因而无论哪一种血型的人都可以接受它，但

是正因为它的这种特性，O 型血长期短缺。由此可知（　　）

　　A. 血型为 O 型的献血者越来越受欢迎

　　B. O 型血的特殊用途在于它与大多数人的血型是一样的

　　C. 输非 O 型血给受血者必须知道受血者的血型

　　D. 在美国，45% 的人的血型为 O 型，O 型是大多数人共同的血型

232. 比重问题

中级　　难度星级：☆☆☆★★　　知识点：逻辑关系

　　比重比水小的东西会浮在水面上，比重比水大的物体则会沉入水底。木头与铁块绑在一起后沉到了水底，由此可知（　　）

　　A. 木头与铁块的比重都比水大

　　B. 木头与铁块的平均密度比水大

　　C. 木头的比重比水小

　　D. 铁的比重比水大

233. 高明的伪造者

中级　　难度星级：☆☆☆★★　　知识点：逻辑关系

　　真正高明的伪造者制造的钞票从不会被发现，所以一旦他的作品被认出是伪造的，则伪造者就不是高明的伪造者，真正的伪造者从不会被抓到。下列哪种推理方式与这段话类似？（　　）

　　A. 田壮是一个玩魔术专家，他的魔术总能掩人耳目，从未被揭穿，所以他是一个高明的魔术师

　　B. 王伟是一个玩魔术的人，他的魔术一般不会被揭穿，偶尔有一两次被人看穿，但这不妨碍他是一个优秀的魔术师

　　C. 小刘是一个玩魔术的人，他的魔术一般不会被人看穿，偶尔有一两次被人看穿，说明他并不是一个高明的魔术师，因为高明

的魔术师不会被人看穿

D．小马的魔术很好，从不会被揭穿，所以他是一个优秀的魔术师

234．生命的条件

中级　　难度星级：☆☆☆★★　　知识点：逻辑关系

生命在另外一个行星上发展，必须至少具备两个条件：（1）适宜的温度，这是与热源保持适当距离的结果；（2）至少在 37 亿年的时间内保持一个相对稳定的温度变化幅度。这样的条件在宇宙中很难找到，这使得地球很可能是唯一存在生命的地方。上述结论成立的前提是（　　）

A．某一个温度变化范围是生命在行星上发展的唯一必要条件

B．生命不在地球以外的地方生存

C．在其他行星上的生命形态需要的条件与地球上的生命形态相似

D．灭绝的生命形态的迹象有可能在有极端温度的行星上被发现

235．继承权问题

中级　　难度星级：☆☆☆★★　　知识点：逻辑关系

教授："在长子继承权的原则下，男人的第一个妻子生下的第一个男性婴儿总是首先有继承家庭财产的权利。"

学生："那不正确。休斯敦夫人是其父唯一妻子所生唯一活着的孩子，她继承了他的所有遗产。"

学生误解了教授的意思，他理解为（　　）

A．男人可以是孩子的父亲

B．女儿不能算第一个出生的孩子

C．只有儿子才能继承财产

D．私生子不能继承财产

第六章

形象思维法

形象思维是依靠形象材料的意识领会得到理解的思维，从形象上认识研究对象。从信息加工角度来说，可以理解为主体运用表象、直觉、想象等形式，对研究对象的有关形象信息以及贮存在大脑里的形象信息进行加工（分析、比较、整合、转化等），从而在形象上认识和把握研究对象的本质和规律。

形象思维是艺术家在创作活动中从发现生活、体验生活，到进行艺术构思、形成艺术意象，并将其物化为艺术形象或艺术意境的整个过程中所采取的一种主要的思维方式。

形象思维不像抽象（逻辑）思维那样，对信息的加工一步一步、首尾相接、线性地进行，而是可以调用许多形象的材料，合在一起形成新的形象，或由一个形象跳跃到另一个形象。它对信息的加工过程不是系列加工，而是平行加工，是平面性的或立体性的。它可以使思维主体迅速从整体上把握住问题。形象思维是或然性或似真性的思维，思维的结果有待于逻辑的证明或实践的检验。

爱因斯坦创立了相对论以后，据说全世界只有几个高明的科学家看得懂他关于"相对论"的著作。其他人都无法理解相对论，因此，经常有人向他请教相对论是什么。

有一次，一个对相对论一无所知的年轻人向爱因斯坦请教相对论到底是什么。他说："爱因斯坦博士，请您用最简单的语言解释一下您的相对论。"

爱因斯坦回答："比如说，你同你最亲爱的人在一起聊天，一小时过去了，你会觉得只过了5分钟；可如果让你一个人在大热天，孤单地坐在炽热的火炉旁，5分钟就好像一小时。这就是相对论。"

形象思维就是把抽象的内容通过自己的思维，转化成形象的内容，并用最形象的语言表述出来。爱因斯坦是形象思维的专家，他经常能够把深奥的理论运用形象的语言表述出来。

还有一次，一位美国女记者采访爱因斯坦，问道："依您看，时间和永恒有什么区别呢？"

爱因斯坦笑了笑答道："亲爱的女士，如果我有时间解释它们之间区别的话，那么，我解释完的时间一到，永恒就消失了。"

人在思考问题的时候，往往是比较抽象的。因为，通常人们头脑中储存的信息大致分为两类，即语言信息和形象信息。如果你能多运用形象信息来表述你的思维过程，这种思维内容就比较容易被别人理解和接受。

运用形象思维首先要对内容有深刻的理解，例如爱因斯坦就是因为对相对论有深刻的理解，他才可以一针见血地说出相对论的内涵。

236. 4等分

中级　　难度星级：☆☆☆★★　　知识点：分割

下页图是一个画有4个圆圈、4个三角的圆形纸片，纸片的中间有个方孔。请问：如何才能把这张纸片切割成大小、形状都相同的4份，而且每一份上都有一个圆圈和一个三角。你知道怎么做吗？

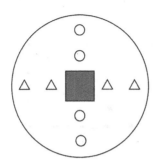

237. 分月亮

中级　　难度星级：☆☆★★★　　知识点：分割

如下图所示，请用两条直线把这个月亮图形分成 6 个部分，你知道该怎么分吗？

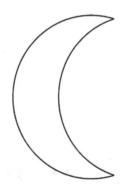

238. 3 等分

中级　　难度星级：☆☆★★★　　知识点：3 等分

下页图是一个由 12 根火柴拼成的直角三角形，三边分别是 3、4、5。你能用 4 根火柴把这个三角形分成面积相等的 3 部分吗？（不

要求形状相同）

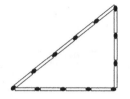

239. 分三角形

中级　　难度星级：☆☆☆★★　　知识点：分割

下图中有 9 个三角形，你能用 4 个圆把这些三角形分开，让它们没有任何两个能在一起吗？

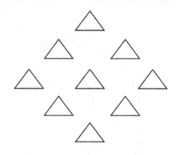

240. 三兄弟分家

中级　　难度星级：☆☆☆★★　　知识点：3 等分

一户人家有如下图所示的一块土地，3 个兄弟要平分它，要求这 3 部分土地同样形状、同样大小，你知道该怎么分吗？

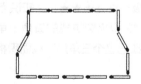

241. 一变二

中级　　难度星级：☆☆☆★★　　知识点：分割与拼合

把下图中的这个中空的正方形分割成 5 份，再组合起来，最后形成两个大小相等、形状相同的小中空正方形。你知道该怎么分割吗？

242. 5 个三角形

中级　　难度星级：☆☆★★★　　知识点：分割

在下图中添加 3 条直线，使图中出现 5 个小三角形（三角形内部不能有多余的线）。你知道怎么做吗？

243. 画三角形

中级　　难度星级：☆☆★★★　　知识点：分割

在下页图的 W 形中，加入 3 条直线，使形成的三角形数量最多，你知道怎么加吗？

244. 分圆形

高级　　难度星级：☆★★★★　　知识点：分割

把一个圆形用 4 条直线切分，如下图可以切成 9 份，但这并不是最多的，你知道最多可以切成多少份吗？怎么切？

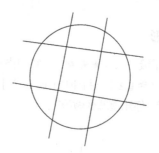

245. 切割双孔桥

中级　　难度星级：☆☆☆★★　　知识点：分割与拼合

把下图的双孔桥切割两刀，然后拼成一个正方形，你知道怎么切割吗？

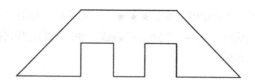

246. 5 个变 10 个

中级　　难度星级：☆☆★★★　　知识点：分割

下图的五角星，包含 5 个三角形（只由 3 条边围成，内部没有多余的线）。请在这个图上添两条线，让三角形变成 10 个。当然，新的三角形内部也不能有多余的线。

247. 平分图形

中级　　难度星级：☆☆☆★★　　知识点：等分

你能否将下图这个不规则图形分成两个相同的部分？你又能否将这个图形分成 4 个相同的部分？（提示：有两种 4 等分的方法，其中一种不沿着方格线。）

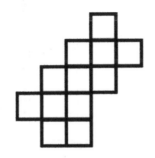

248. 丢失的正方形

高级　难度星级：☆★★★★　知识点：分割与拼合

把一张方格纸贴在纸板上，然后沿下边左图所示的直线切成 5 小块。当你照下边右图的样子把这些小块拼成正方形的时候，中间居然出现了一个洞！

左图的正方形是由 49 个小正方形组成的。右图的正方形却只有 48 个小正方形。哪一个小正方形没有了？它到哪儿去了？

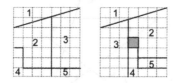

249. 拼墙纸

中级　难度星级：☆☆★★★　知识点：分割与拼合

小明家要在一块 10 米 ×10 米的地方铺墙纸，可是打开墙纸一看，发现墙纸中间坏了一个长方形的洞。具体的大小如下图所示，你能把这张墙纸剪成两块，然后拼成一张符合要求的墙纸吗？

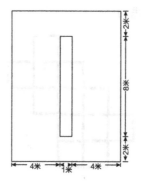

250. 切成 5 份

中级　　难度星级：☆☆☆★★　　知识点：分割

下图是一个圆环，你能两刀把它切成 5 份吗？不允许摞在一起切。

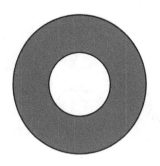

251. 减少一半

中级　　难度星级：☆☆☆★★　　知识点：等分

下图是一个 4×3 的方格，用 12 根火柴可以把这个方格分成两部分，围起来的部分的面积正好占了整个面积的一半。现在请你移动其中的 4 根火柴，使火柴围成的面积再减少一半。你知道怎么移动吗？

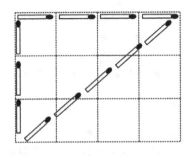

252. 平分 5 个圆

高级　　难度星级：☆★★★★　　知识点：等分

下图中有 5 个大小相等的圆，通过其中一个圆的圆心 A 画一条直线，把这 5 个圆分成面积相等的两部分，你知道怎么画吗？

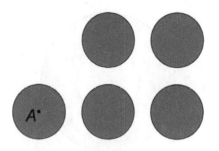

253. 比面积

初级　　难度星级：☆☆☆☆★　　知识点：分割

如下图，用 2 根火柴将 9 根火柴所组成的正三角形分为两部分。请问①和②两个图形哪一个面积比较大？

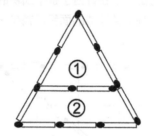

254. 四兄弟分家

中级　　难度星级：☆☆★★★　　知识点：等分

如下页图，在一块正方形的土地上，住了兄弟 4 人，刚好这块土地上有 4 棵大树。怎样才能把土地平均分给兄弟 4 人，而且每家都有一棵树呢？

255. 图形构成

中级　　难度星级：☆☆★★★　　知识点：拆分与组合

如下图，A、B、C、D 4 个图形分别是由 1～4 中某几个图形组成的，请你说出 A、B、C、D 4 个图形分别是由哪几个图形组成的？

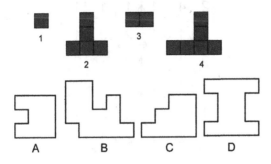

256. 三个角处的圆圈

中级　　难度星级：☆☆☆★★　　　知识点：找规律

如下图，每个三角形的 3 个角处都有一个圆圈。根据前 3 个图形的规律，请问，最后一个三角形右下角问号处应该填什么样的圆圈？

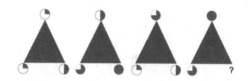

257. 密码箱

中级　　难度星级：☆☆★★★　　　知识点：反向推导

如下图，这是个与众不同的保险箱，需要按照一定的顺序按键，起始键在边上，但是不知道是哪个。需要按照上面的数字和方向按顺序按键，并且最后一个按到图中灰色键才能把保险箱打开。你知道最开始需要按哪个键吗？

1 ↓	1 ↓	1 ←	3 ←	6 ↓	1 ←
2 →	4 →	1 ↑	1 ↓	1 ←	1 ↑
1 ↓	1 ↓	1 ←	2 →	3 ↓	1 ←
2 →	4 →	1 ↑	3 ↑	■	2 ←
2 ↑	1 ←	1 ↓	1 ←	3 ↑	1 ←
1 ↓	1 ←	1 →	2 →	2 ↑	1 ↓
2 →	2 ↑	1 ←	2 ↑	1 ←	2 ↑

258. 立体图形

中级　　难度星级：☆☆☆★★　　知识点：立体思维

如下图，上面的纸片折叠成立体图形，结果会是哪个？

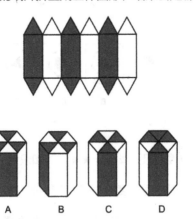

A　　B　　C　　D

259. 真正的与众不同

中级　　难度星级：☆☆☆★★　　知识点：逻辑关系

仔细观察下面的 4 个图形，请找出哪一个真正与众不同？

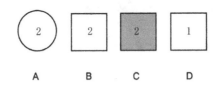

A　　B　　C　　D

260. 剪纸

中级　　难度星级：☆☆★★★　　知识点：立体思维

如下页图，将一张正方形的纸片沿虚线对折，然后再从 3 等分处折成 3 层，如下边右图所示。然后剪去黑色标记的位置。打开后，原来的白纸会变成下图中的哪个？

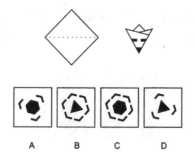

A　　　B　　　C　　　D

261. 靠近

中级　　难度星级：☆☆☆★★　　知识点：几何知识

如下图，4 根相同长度的木棍，在每根木棍的 $\frac{1}{3}$ 处，分别用一根钉子固定住。如果把 A 点向 B 点靠近，那么请问，C 点和 D 点是靠近还是远离？

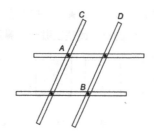

262. 切蛋糕

中级　　难度星级：☆☆★★★　　知识点：立体思维

如下页图，一个三棱锥形状的蛋糕，如何切一刀，切出一个四边形的切面？

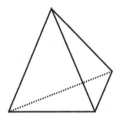

263. 削坏的纸杯

中级　　难度星级：☆☆☆★★　　知识点：展开图

下图是一个用剑削坏的纸杯，切口是平的，现在沿着虚线把杯子剪开，杯子的侧面展开图会是哪个？

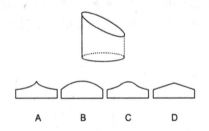

264. 砌围墙

中级　　难度星级：☆☆☆★★　　知识点：立体思维

小明砌了一个如下图所示的围墙，请问他一共用了多少块砖？

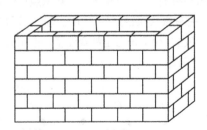

265. 距离最短

中级　　难度星级：☆☆☆★★　　知识点：几何知识

如下图，从 A 点到 B 点，走哪条弧线最短？

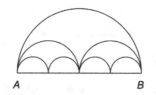

266. 面积大小

中级　　难度星级：☆☆☆★★　　知识点：几何知识

请问，下图中，左边的内切圆的面积，与右边的 4 个内切圆的面积和，哪个更大？

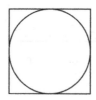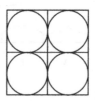

267. 消失的三角形

中级　　难度星级：☆☆☆★★　　知识点：脑筋急转弯

如下图，是由 9 根火柴拼成的 3 个三角形。现在请你只移动其中的两根火柴，使这 3 个三角形全都变没了。你知道怎么做吗？（提示：从计算的角度考虑）

268. 变正方形

中级 难度星级：☆☆★★★ 知识点：观察角度

下图是一个由9枚黑色棋子组成的图形，你能移动最少的棋子数，使它变成一个正方形吗？

269. 图中填字

中级 难度星级：☆☆★★★ 知识点：脑筋急转弯

在下图中，填上一个字母，使这些字母按照一定的顺序排列。你知道该填什么吗？

A, B, C, D, _

270. 移动线段

中级 难度星级：☆☆☆★★ 知识点：脑筋急转弯

下面这些是液晶表盘显示的数字，它们构成的这个算式现在是不正确的，你至少需要移动几根线段，才可以把它变成正确的算式呢？

1+5-21=8

271. 阴影面积

中级　　难度星级：☆☆☆★★　　知识点：几何知识

下图中，假设长方形 ABCD 的面积为 1，E、F 分别为两边的中点，不用计算，你能确定阴影部分的面积是多少吗？

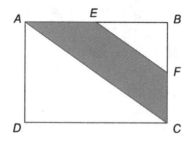

272. 最短距离

中级　　难度星级：☆☆★★★　　知识点：展开图

在一个圆锥形物体上的 A 点处有一只蚂蚁，如下图，它想从圆锥上绕一圈再回到 A 点，请问图中给出的路线是它的最短距离吗？

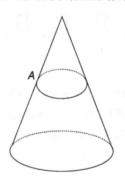

273. 内接图形

中级　　难度星级：☆☆★★★　　知识点：几何知识

如下图所示，一个正方形内部有一个内接圆，在圆的内部再内接一个正方形。请问，大小两个正方形的面积比是多少？

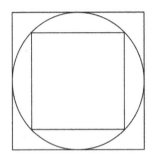

第七章

逆向思维法

逆向思维也叫求异思维，是运用与常人不同的思维方式，跳出传统观念和习惯的束缚，从新的角度认识问题，以新的思路、新的方法进行思考。"打破常规，反其道而思之"，让思维向对立面的方向发展，从问题的相反面深入地进行探索，树立新思想、创立新形象。逆向思维是对似乎已成定论的事物或观点反过来思考的一种思维方式。

司马光砸缸的故事我们都听过，为什么说司马光聪明？原因就是他运用了逆向思维法。因为要使水缸里的小朋友不被淹死，就得想办法让人和水分离。别的小朋友想到的都是把人从水里拉出来，即人离开水，而司马光想的恰恰是让水离开人。这种突破思维定式，从对立的、颠倒的、相反的角度去思考问题的方法就是逆向思维法。通俗地讲，就是倒过来想问题。

逆向思维有许多种具体的方法。

方法1：反转型逆向思维

这种方法是指从已知事物的相反方向进行思考，"事物的相反方向"常常从事物的功能、结构、因果、状态关系等方面作反向思维。

很久以前，人们就发现人在生病时，体温一般都会升高，但那时并没有办法准确地测出体温上升多少。于是，医生就请当时素有盛名的科学家伽利略来解决这个问题。伽利略设计了许多方案，都失败了。有一次，他给学生上实验课，他边操作边讲解，并向学生提问："当水温升高时，水面为什么会在容器内上升？""由于热胀冷缩的缘故。"学生做出了正确的回答。突然，这个回答启示了伽利略，他心中一亮："反过来，测量水的体积的变化，不也就能知道温度的变化了吗？"于是，伽利略制成了世界上第一支温度计。同样，"电梯"的发明也是这样，原来是人动"梯"不动，现在是"梯"动人不动。

方法 2：转换型逆向思维

这种方法是指在思考一个问题时，由于解决问题的手段受阻，因而转换思考角度来提出解决问题的方法。

例如，圆珠笔的漏油一直是难以解决的难题，许多人认为是由于钢珠的磨损造成的，因而都在强化钢珠硬度、耐磨性上花费极大精力，但材料上却难以突破。日本一位发明家没有在常人的思路上钻牛角尖，他认为将圆珠笔笔管中的油减少，使其在钢珠没有用坏之前，笔管中的油就已经用完了，漏油问题不就解决了吗？于是他买来大量圆珠笔，反复使用，统计出常用圆珠笔写了多少字、用了多少油就会漏油的规律，减少管中的灌油量，从油上出发解决了圆珠笔的漏油问题。

方法 3：缺点逆用思维

这是一种利用事物的缺点，想方设法扩大缺点，将缺点变为可利用的东西，化被动为主动，化不利为有利的方法。

例如，某时装店的经理不小心将一条高档裙烧了一个洞，其身价一落千丈。如果用织补法补救，也只是蒙混过关，欺骗顾客。这位经理突发奇想，干脆在该洞的周围又挖了许多小洞，并精心修饰，将其命名为"凤尾裙"。一下子，"凤尾裙"销路大开，该时装商店也出了名。

274. 查账

中级　　难度星级：☆☆☆★★　　知识点：逆向思维

洁洁在一个商店里做收银员。有一天，她在晚上下班前查账的时候，发现现金比账面少 153 元。她知道实际收的钱是不会错的，只能是记账时有一个数点错了小数点。那么，她怎么才能在几百笔账中找到这个错数呢？

275. 龟兔赛跑

中级　　难度星级：☆☆★★★　　知识点：逆向思维

兔子和乌龟赛跑，它们沿着一个圆形的跑道背对背比赛，并规定谁先绕一圈回到出发点谁就胜利。兔子先让乌龟跑了 $\frac{1}{8}$ 圈，然后才开始动身。但是这只兔子太骄傲了，慢吞吞地边走边啃胡萝卜，直到遇到了迎面来的乌龟，它才慌了，因为在相遇的这一点上，兔子才跑了 $\frac{1}{6}$ 圈。请问：兔子为了赢得这次比赛，它的速度至少要提高到原来的几倍呢？

276. 投资问题

中级　　难度星级：☆☆☆★★　　知识点：逆向思维

甲、乙两人合伙做生意，甲投入的资本是乙的 1.5 倍。这时丙也要入伙，他拿出了 250 万元钱来投资，甲、乙、丙想让他们 3 个人占有的股份都相等，所以决定将这 250 万元由甲、乙两人来分配。那么，他们该如何分这笔钱呢？

277. 最后剩下的是谁

中级　　难度星级：☆☆☆★★　　知识点：逆向思维

1～50 号运动员按顺序排成一排。教练下令："单数运动员出列！"剩下的运动员重新排队编号。教练又下令："单数运动员出列！"如此下去，最后只剩下一个人，他原来是几号运动员？如果教练下的令是"双数运动员出列！"最后剩下的又是谁？

278. 六色相同

中级　　难度星级：☆☆☆★★　　知识点：逆向思维

从一副完整的扑克牌中至少抽出多少张，才能保证 6 张牌的花色相同？

279. 李白喝酒

中级　　难度星级：☆☆☆★★　　知识点：逆向思维

李白去买酒，提壶街上走。

遇店加一倍，见花喝一斗。

三遇店与花，喝光壶中酒。

试问酒壶中，原有多少酒？

280. 几个苹果

中级　　难度星级：☆☆☆★★　　知识点：逆向思维

小明有一些苹果，他吃了一个，然后把剩下的一半分给了弟弟。接着他又吃了一个，然后把剩下的一半分给了妹妹。这时他还有 5 个苹果。

请问，他开始的时候有几个苹果？

281. 习惯标准

中级　　难度星级：☆☆☆★★　　知识点：逆向思维

晚饭后，母亲和女儿一块儿洗碗盘，父亲和儿子在客厅看电视。突然，厨房里传来打破盘子的响声，然后一片沉寂。

儿子望着父亲，说道："一定是妈妈打破的。"

父亲："你怎么知道？"

你知道儿子是怎么知道的吗？

282. 算算今天是星期几

中级　　难度星级：☆☆☆★★　　知识点：逆向思维

一天，小糊涂早起去上学，却忘记了今天是星期几，所以去问过路的一个人。那个人想难为难为他，就说："当'后天'变成'昨天'的时候，那么'今天'距离星期天的日子，将和当'前天'变成'明天'时的那个'今天'距离星期天的日子相同。"你能帮小糊涂算算，今天到底是星期几吗？

283. yes or no

中级　　难度星级：☆☆★★★　　知识点：逆向思维

大家知道，英语中的"yes"是"是的"意思，而"no"是"不是的"意思。但是非洲有一个部落，他们的语言却恰好相反。"yes"是"不是的"意思，而"no"是"是的"意思，其他的单词都和英语是一致的。在这个部落里，你遇到两个人，当你问他们"今天天气好吗？"时，他们的回答是一个说"yes"，一个说"no"，无论怎么问，他们两个的回答总是相反的。你能想想办法，使你提出一个问题后，他们的回答都是"yes"吗？

284. 他说实话了吗

中级　　难度星级：☆☆★★★　　知识点：逆向思维

班长去找系主任，希望他能在自己组织的活动上出席。系主任满口答应，问道："那个活动什么时候举办？"

班长："下下个周日。"

系主任说："我真的很想去，不过下下个周日我都安排好了。上午要去参加一个朋友的婚礼，下午要看电影，然后还要参加一个朋友父亲的葬礼，随后还有岳父的 90 大寿，实在没有时间。"

班长只好作罢，但是觉得好像哪里不对。

系主任说谎了吗？

285．轮流猜花色

中级　　难度星级：☆☆★★★　　知识点：逆向思维

在一档电视节目里，主持人和几个很聪明的人玩一个游戏。主持人先把 3 张黑桃、4 张红桃、5 张方块亮给大家看，然后请大家背对桌子站着，主持人从 12 张牌里挑出 10 张放在桌上。游戏开始，主持人先从桌上的 10 张牌中拿走一张，然后让一个人转过身来，问他能否根据桌上的牌推测出刚才主持人拿走的是什么花色。如果他推测不出来，主持人就再从桌上拿走一张牌，并请下一个人转过身来根据桌上的牌和前面人的回答来推测主持人最近一次拿走的那张牌的花色。有可能直到 10 张牌都被拿走都没人能推测出来吗？

286．选择接班人

中级　　难度星级：☆☆★★★　　知识点：逆向思维

有个商人想找一个接班人替他经商，他要求这个接班人必须十分聪明才行。最后选出了 A、B 两个候选人，商人为了试一试他们两个人中哪一个更聪明一些，就把他们带进一间伸手不见五指的黑房子里。商人打开电灯说："这张桌子上有 5 顶帽子，2 顶是红色的，3 顶是黑色的。现在，我把灯关掉，并把帽子摆的位置搞乱，然后，我们 3 个人每人摸一顶帽子戴在头上。当我把灯打开后，请你们尽快地说出自己头上戴的帽子是什么颜色。谁先说出来，我就选谁做接班人。"

说完之后，商人就把电灯关掉了，然后，3个人都摸了一顶帽子戴在头上；同时，商人把余下的2顶帽子藏了起来。待这一切做完之后，商人把电灯重新打开。这时候，那两个人看到商人头上戴的是一顶红色的帽子。

过了一会儿，A喊道："我戴的是黑帽子。"A是如何推理的？

287．谁被释放了

中级　　难度星级：☆☆★★★　　知识点：逆向思维

有一个牢房，有3个犯人关在其中。因为玻璃很厚，所以3个人只能互相看见，而不能听到对方说话的声音。有一天，国王想了一个办法，给他们每个人头上都戴了一顶帽子，只叫他们知道帽子的颜色不是白的就是黑的，不叫他们知道自己所戴帽子是什么颜色的。在这种情况下，国王宣布两条规定，具体如下。

（1）谁能看到其他两个犯人戴的都是白帽子，就可以释放他。

（2）谁知道自己戴的是黑帽子，就释放他。

其实，他们戴的都是黑帽子，但因为被绑，看不见自己罢了。于是他们3个人互相盯着不说话。可是不久，较机灵的A用推理的方法，认定自己戴的是黑帽子。请你想一想，他是怎样推断的？

288．各是什么数字

高级　　难度星级：☆★★★★　　知识点：逆向思维

A、B、C 3个人头上的帽子上各写有一个大于0的整数，3个人都只能看到另外两个人头上的数字，而不知道自己头上的数字。但有一点是3个人都知道的，那就是他们都是很有逻辑的人，总是可以作出正确的判断，并且3个人总是说实话。

现在，告诉3个人已知条件为：其中一个数字为另外两个数字之和。然后开始对3个人提问。

先问 A："你知道自己头上的数字是多少吗？"

A 回答："不知道。"

然后问 B："你知道自己头上的数字是多少吗？"

B 回答："不知道。"

问 C，C 也回答不知道。

再次问 A，A 回答："我头上是 20。"

请问 B、C 头上分别是什么数字？(有多种情况)

289. 纸条上的数字

高级　　**难度星级：★★★★★**　　**知识点：逆向思维**

老师出了一道测试题想考考皮皮和琪琪。她写了两张纸条，对折起来后，让皮皮、琪琪每人拿一张，并说："你们手中的纸条上写的数都是自然数，这两个数相乘的积是 8 或 16。现在，你们能通过手中纸条上的数字，推出对方手中纸条的数字吗？"

皮皮看了自己手中纸条上的数字后，说："我推不出琪琪手中纸条上的数字。"

琪琪看了自己手中纸条上的数字后，说："我也推不出皮皮手中纸条上的数字。"

听了琪琪的话后，皮皮又推算了一会儿，说："我还是推不出琪琪手中纸条上的数字。"

琪琪听了皮皮的话后，重新推算了一会儿，也说："我同样推不出来。"

听了琪琪的话后，皮皮很快说："我知道琪琪手中纸条上的数字了。"并报出数字，果然是正确的。

你知道琪琪手中纸条上的数字是多少吗？

290. 贴纸条猜数字

高级　　难度星级：☆★★★★　　知识点：逆向思维

一个教逻辑学的教授，有 3 个学生，都非常聪明。一天教授给他们出了一道题，教授在每个人额头上贴了一张纸条并告诉他们，每个人的纸条上都写了一个正整数，且某两个数的和等于第三个数。（每个人可以看见另两个数，但看不见自己的数。）

教授分别问了 3 个学生是否能猜出自己的数，3 个学生均回答："不能。"教授回头再问 3 个学生，第一个学生和第二个学生还是回答"不能"，这时第三个学生回答："我猜出来了，是 144！"教授很满意地笑了。请问你能猜出另外两个人头上贴的数是什么吗？请说出理由。

291. 拉绳子

中级　　难度星级：☆☆☆★★　　知识点：逆向思维

如何拉这只线圈，使它能朝前后两个方向中的任意一个方向运动。

292. 确定开关

中级　　难度星级：☆☆★★★　　知识点：逆向思维

两间房间互为隔壁，一间房间中的 3 个开关控制另一间房间的

3 盏灯。如果你只能进入每间房间一次，怎么来判断哪个开关控制哪盏灯？

293. 赊玉米

中级　　难度星级：☆☆★★★　　知识点：逆向思维

村子里有 5 户人家关系不错，春季播种时，互相赊了一些玉米种子，约定到秋收时按借的玉米种的 2 倍归还玉米，已知 5 户玉米种赊借的关系如下：A 借给 B 10 斤玉米种；B 借给 C 20 斤玉米种；C 借给 D 30 斤玉米种；D 借给 E 40 斤玉米种；E 借给 A 50 斤玉米种。秋收了，你能不能想一个办法：动用最少的玉米，且移动最少次数的情况下进行结算呢？

294. 过桥

中级　　难度星级：☆☆★★★　　知识点：逆向思维

某地有两个村子，之间只用一座长长的桥相连。某次，两村发生了一些矛盾，村长决定不让两村村民相互联系，于是派人在桥处看守。通过这座桥最快需要 18 分钟，村长让看守每 10 分钟从屋子里出来看一眼桥，如果发现有人要过桥，就责令他回去。所以没人能走过这座桥。

某天，一个聪明的村民想出了一个好办法，终于顺利过了桥，你知道他是怎么做到的吗？

295. 谁在谁前面

中级　　难度星级：☆☆☆★★　　知识点：逆向思维

小明很胖，想要开始跑步减肥，选定了楼下 400 米的操场。操场上经常有长跑运动员训练。有一天，小明又去跑步。

一会儿，小张从外面回来，对经理说："小明在那个专业运动员后面跑。"

过了一会儿，小李说："小明被那个运动员落了很远的距离。"

又过了一会儿，小王说："接下来的一段时间，小明会跑在运动员前面。"

这是怎么一回事？

296. 买到假货

高级　　难度星级：☆★★★★　　知识点：逆向思维

有个人在商场里买了几瓶酒，结果回家发现其中有两瓶是假酒。那人第二天找了电视台的人一起去商场理论，但是商场认为那人不能证明这假酒是这个商场卖出去的，所以不予赔偿。那人很委屈，但最后也无可奈何。

如果你是那名顾客，你要如何证明假酒是这个商场卖出的呢？

297. 兄弟俩

中级　　难度星级：☆☆★★★　　知识点：逆向思维

有个游客，晚上住在当地一户农夫家里，这家有两兄弟，他们很喜欢互相较劲，就想掰手腕，并让游客当裁判，游客不同意，说自己累了。

哥哥就对游客说："我们打赌怎么样？如果我赢了弟弟，我给你200元；如果我输了，你只要给我100元。"

弟弟来了兴趣，认为自己完全有力量赢哥哥，也对游客说："我也跟你打赌。如果我赢了，我也给你200元；如果我输了，你也只要给我100元。"

如果你是这个游客，你愿意和这两个兄弟打赌吗？

298. 吹牛

中级　　难度星级：☆☆☆★★　　知识点：逆向思维

张三和朋友吹牛说："有一次，我和朋友去非洲旅行。和朋友打赌，蒙着眼睛在一条只有一米宽，两边都是悬崖的小路上走 100 米。结果我一点儿都不慌张，一步步走完，取得了胜利。"朋友笑笑说："少吹牛了，那有什么难的，连小孩子都能做到！"

你知道朋友为什么这么说吗？

299. 吃饭

中级　　难度星级：☆☆☆★★　　知识点：逆向思维

小红和小丽姐妹俩为了吃完饭能马上去看电视，每次吃饭的时候就拼命地快吃，这让她们俩的胃都不太好。妈妈非常担心，在多次劝告没有用的情况下，就对她们俩说："现在你们俩做一个比赛，谁碗里的饭最后吃完，我就给她个奖励，带她出去买一身新衣服。"妈妈以为这样能慢慢培养她们细嚼慢咽的习惯，没想到两人吃得更快了。你知道这是为什么吗？

300. 装睡

中级　　难度星级：☆☆★★★　　知识点：逆向思维

小明每次装睡的时候都会被哥哥发现，小明觉得很奇怪，就问哥哥原因。哥哥说："那是因为我有特异功能！"真的是这样吗？

301. 如何拍照

中级　　难度星级：☆☆☆★★　　知识点：逆向思维

拍集体照大家都知道，最难的就是大家的眼睛问题：几十个人，甚至上百个人，咔嗒一声照下来，要保证所有人都是睁眼的还是有些难度的。闭眼的看到照片自然不高兴：我 90% 以上的时间都是睁着眼，你为什么偏让我亮一副没精打采的相，这不是歪曲我的形象吗？

一般的摄影师会喊："1……2……3！"但坚持了半天以后，恰巧在喊"3"的时候坚持不住了，上眼皮找下眼皮，又是闭目状。

可有一位摄影师很有经验，他用一种特别的方法，照片洗出来以后，一个闭眼的人都没有。你知道他是怎么做的吗？

302. 对画的评价

中级　　难度星级：☆☆★★★　　知识点：逆向思维

从前，有一位美术系的学生，精心画了一幅画，自己认为完成得十分完美。但是他仍然想知道别人对画的评价，于是他便将画放到了图书馆的门前并且在画旁放了一支笔，附上说明：每一位观赏者，如果认为此画有欠佳之笔，均可在画中作记号。

晚上，这位学生取回了画，发现整个画面都涂满了记号。没有一笔一画不被指责。他十分不快，对这次尝试深感失望。

这时一位老人路过，了解了事情的经过，就对学生说："你何不换种方法试试呢？"于是给他出了一个主意。学生照做之后，果然收到了意想不到的效果。

你知道老人给学生出的什么好主意吗？

303. 司机的考试

中级　　难度星级：☆☆☆★★　　知识点：逆向思维

某大公司准备以高薪雇用一名小车司机，经过层层筛选和考试之后，只剩下3名技术精湛的竞争者。

主考者问他们，"悬崖边有块金子，你们开着车去拿，你们觉得最近能在多远处拿到金子而又不至于掉落呢？"

"两米。"第一位竞争者说。

"半米。"第二位竞争者很有把握地说。

"我会尽量远离悬崖，越远越好。"第三位竞争者说。

你知道谁会被录取吗？

304. 不会游泳

中级　　难度星级：☆☆☆★★　　知识点：逆向思维

有一个人想渡河，他看到河边有很多船夫等着，就问道："在你们中，哪位会游泳？"

船老大围上来，纷纷抢着回答道："我会游泳，客官坐我的船吧！""我水性最好，坐我的船最安全了！"

其中只有一位船老大没有过来，只站在一旁看着。要过河的那个人就走过去问："你会游泳吗？"

那个船老大不好意思地答道："对不起客官，我不会游泳。"

谁知要过河的那个人却高兴地说道："那正好，我就坐你的船！"

其他船老大非常不满，就问："他不会游泳，万一船翻了，不就没人能救你了吗？"

你知道渡河的人是怎么说的吗？

305. 忧心忡忡的母亲

中级　　难度星级：☆☆☆★★　　知识点：逆向思维

古时候有这样一个故事，一位母亲有两个儿子，大儿子开染布作坊，小儿子做雨伞生意。每天，这位老母亲都愁眉苦脸，天下雨了怕大儿子染的布没法晒干；天晴了又怕小儿子做的伞没人买。如果你是这位母亲的邻居，你要怎么说才能开导她呢？

306. 猫吃老鼠

中级　　难度星级：☆☆★★★　　知识点：逆向思维

小猫过生日，猫妈妈给小猫准备了礼物，其中有 12 条鱼，1 只老鼠。然后猫妈妈把这 13 个吃的围成一圈，对小猫说："你可以吃这些东西，但是有一个规则，你必须按着顺时针方向每数到 13，就把这个食物吃掉，然后继续数，再数到 13，再把这个食物吃掉，依此类推。但是你只能在最后一个吃老鼠。你能做到吗？"

如果你是小猫，想按照妈妈定的规则吃这些食物，你应该从哪个开始数起呢？

307. 聪明的阿凡提

中级　　难度星级：☆☆★★★　　知识点：逆向思维

阿凡提的聪明机智是出了名的。财主巴依经常吃他的亏，总想着要戏弄一下他。一天，巴依邀请阿凡提来自己家中吃饭。但是他在自己家的房门一米高的位置处钉上了一块横木板，他想这样的话，阿凡提进门的时候就可以向自己低头了。不一会儿，阿凡提来赴宴，看到了门上钉的横木板，就知道了巴依的心思。于是他用一种巧妙的方式过去了，并没有向巴依低头。

你知道阿凡提是怎么做到的吗？

第八章

假设思维法

假设思维法是根据已知的科学原理和一定的事实材料对事物存在的原因、普遍规律或因果关系作出有根据的假定、说明和科学解释的方法，先提出假设，再去证实。

人们为一定目的而建立的假设只是对事物的存在原因和规律性的初步假定说明，因此，它具有推测的性质，它提供给人们的知识并不确凿可靠，还需要科学的论证和实践的检验，因此假设的建立离不开实践验证。

假设思维法的运用和操作有一定的步骤：假设和论证。

假设是假设思维法的第一步。

在制定假设之前，为了回答特定的问题，就要围绕问题，收集相关的、为数不多的事实材料和已有的科学原理，调动自己大脑中已有的知识，并充分发挥自己的创造性思维能力，对要求回答的问题的规律和本质提出初步的推测和假定，即提出假设。

论证是假设思维法的第二步。

假设只是初步的猜测和假定，还必须利用有关理论和尽可能多的经验事实材料，进行广泛的验证。这样，一方面可以充实假设；另一方面可以修正假设，使其趋于合理。

为了解决问题而提出一些假设、围绕假设再进行质疑的思考问题的方法就是假设思维法。假设思维法的主要特征是"有目标性地质疑"，这样就容易得到解决问题的办法。

308. 市长竞选

中级　　难度星级：☆☆☆★★　　　知识点：假设法

一个市要选出两名副市长，一名市长，现在有 7 名候选人参与竞选。而参加投票的代表共有 49 人，每个人只能投 1 票，不许弃权，得票最多的前三名当选。

问最少需要获得几票才能确保当选？

309. 3 个城镇

中级　　难度星级：☆☆★★★　　　知识点：假设法

一个外地人需要穿过 A、B、C 3 个城镇去市里办事。在经过 A 城时，他发现了一个路标，上面写着："到 B 城 40 里，到 C 城 70 里。"等他到达 B 城时，发现另外一个路标，上面写着："到 A 城 20 里，到 C 城 30 里。"他困惑不解，等到了 C 城时，他又发现了一个路标，上面写着："到 A 城 70 里，到 B 城 40 里"。这回他完全迷糊了。于是，他去问一位本地人。那个人告诉他，那 3 个路标中，只有一个是完全正确的，另外一个有一半是正确的，还有一个是完全错误的。

那么，你能判断出哪个路标是正确的，哪个路标是完全错误的吗？

310. 保险柜

中级　　难度星级：☆☆☆★★　　　知识点：假设法

办公室里有 9 个保险柜，处长那里有 9 把钥匙。小刘上班的第一天，处长给他布置了个任务："把钥匙和保险柜配对。"如果这些钥匙外表都是一样的，而且没有任何标记，那小刘想要打开每个保险柜只有一把一把地试。请问，小刘最多要试多少次才能把钥匙和保险柜配对上。

311. 12枚硬币

中级　　难度星级：☆☆☆★★　　知识点：假设法

有12枚硬币，包括1分、2分和5分，共3角6分。其中有5枚硬币是一样的，那么这5枚一定是几分的硬币？

312. 国王的年龄

中级　　难度星级：☆☆☆★★　　知识点：假设法

考古队到沙漠考古，发现了一块墓碑，上面记着这样几句话："我曾经是一个伟大的国王。在我的一生中，前$\frac{1}{8}$是快乐的童年。过完童年，我花了$\frac{1}{4}$的生命来周游世界，增加自己的才能。在这之后，我继承了皇位，休养生息4年后，国力强大了，然后与邻国开始了持续12年的战争。我在位的时间只持续了我生命的$\frac{1}{2}$，之后被奸臣推下了台，便在绝望中度过了9年，随后结束了我的一生。"

根据墓碑上的信息，你能算出这个国王的年龄吗？

313. 刷碗

中级　　难度星级：☆☆☆★★　　知识点：假设法

小明和小红是兄妹俩，妈妈让他们去刷碗，自己在客厅里看电视。等到10只碗都被刷完的时候，兄妹俩一起走到妈妈面前。妈妈转过脸对他们说："小明，把你刷的碗数乘以3；小红，把你刷的碗数乘以4，再把两个数加起来，告诉我答案。"

两人同时回答："34。"

妈妈说："那我知道你们每个人刷多少碗了，小明刷的碗比小红多。"

请你算一下，两人各刷了几只碗，妈妈是怎么知道的？

314. 水与水蒸气

中级　　难度星级：☆☆☆★★　　　知识点：假设法

已知水蒸发变成水蒸气，体积增加了 10 倍，那么如果这些水蒸气再变成水，体积变为原来的几分之几？

315. 有多少香蕉

中级　　难度星级：☆☆☆★★　　　知识点：假设法

大猴子、中猴子、小猴子 3 个一起在树上摘了一堆香蕉，等它们把香蕉运到家后，都累得不行了，于是它们决定躺下睡觉，等醒了再开始分。过了一会儿，大猴子先醒来，看看另两只猴子还在睡觉，便自作主张将地上的香蕉分成 3 份，发现多了一个，就把那个香蕉吃了，然后拿着自己的那份走了。中猴子第二个醒来，说道："怎么大猴子没拿香蕉就走了？不管他，我把香蕉分一下。"于是也将香蕉分成 3 份，发现也多一个，也把多的那个给吃了，拿着自己的那份走了。小猴子最后一个醒来，奇怪两个猴子怎么都没拿香蕉就走了？于是又将剩下的香蕉分成 3 份，发现也多一个，便也把它吃了，拿着自己的那份走了。

请问，一开始最少有多少个香蕉？

316. 没有出黑桃

高级　　难度星级：☆★★★★　　　知识点：假设法

爸爸和儿子二人玩一种纸牌游戏，规则如下：双方先后各出一张牌为一圈。后出牌者在每一圈中都必须按先出牌者出的花色出牌，除非手中没有相应的花色，而先出牌者则可以随意出牌。每一圈的胜方即为下一圈的先出牌者。

开始的时候，双方手中各有 4 张牌，其花色分布如下。

爸爸手中：黑桃—黑桃—红心—梅花。

儿子手中：方块—方块—红心—黑桃。

（1）双方各做了两次先出牌者；

（2）双方都各胜了两圈；

（3）在每一圈中先出牌者出的花色都不一样；

（4）在每一圈中都出了两种不同的花色。

在打出的这 4 圈牌中，哪一圈没有出黑桃？

注：王牌至少胜了一圈。（王牌是某一种花色中的任何一张牌，它可以：①在手中没有先出牌者出的花色的情况下，出王牌，这样，一张王牌将击败其他 3 种花色中的任何牌；②与其他花色的牌一样作为先出牌者出的牌。）

提示：从先出牌者和胜方的可能序列中判定王牌的花色；然后判定在哪一圈时先出牌者出了王牌并取胜。最后判定在哪一圈时出了黑桃。

317．爱说谎的孩子

中级　　难度星级：☆☆☆★★　　知识点：假设法

一个孩子很爱说谎，一周有 6 天在说谎，只有一天说实话。下面是他在连续 3 天里说的话。

第一天："我星期一、星期二说谎。"

第二天："今天是星期四、星期六或是星期日。"

第三天："我星期三、星期五说谎。"

请问：一周中他哪天说实话呢？

318. 今天星期几

中级　　难度星级：☆☆★★★　　　知识点：假设法

在非洲某地有两个奇怪的部落，一个部落的人在每周的一、三、五说谎；另一个部落的人在每周的二、四、六说谎，在其他日子他们都说实话。一天，一位探险家来到这里，见到两个人，向他们请教今天是星期几。两个人都没有明确告诉他，只是都说："前天是我说谎的日子。"如果这两个人分别来自两个部落，那么今天应该是星期几？

319. 谁偷吃了蛋糕

中级　　难度星级：☆☆☆★★　　　知识点：假设法

妈妈买了一块蛋糕，准备晚饭的时候大家一起吃，可饭还没做好，她就发现蛋糕被偷吃了。而屋子里只有她的 4 个儿子。他们的说法如下。

大儿子说："我看见蛋糕是老二偷吃的！"

二儿子说："不是我！是老三偷吃的。"

三儿子说："老二在说谎，他是在陷害我。"

小儿子说："蛋糕是谁偷吃的我不知道，反正不是我。"

经过调查证实，4 个人中只有一个人说的是真话，其余都是假话。

请问谁偷吃了蛋糕？

320. 寻找毒药

中级　　难度星级：☆☆☆★★　　　知识点：假设法

有人将一瓶毒药与其他瓶子的液体放在了一起，这 4 个瓶子都是深色的，在外表上看很难区分。里面分别装有矿泉水、酱油、醋和毒药，每个瓶子上都有标签，标签上都写有一句话，分别如下。

甲瓶子上的标签是：乙瓶子里装的是矿泉水。

乙瓶子上的标签是：丙瓶子里装的不是矿泉水。

丙瓶子上的标签是：丁瓶子里装的是醋。

丁瓶子上的标签是：这个标签是最后贴上的。

而且我们还知道，装有毒药的瓶子上的标签是假的，其他的瓶子上的标签都是真的。

你能知道每个瓶子里分别装的是什么液体吗？

321. 有几个天使

中级　　难度星级：☆☆★★★　　知识点：假设法

一个旅行者遇到了3个美女甲、乙、丙，她们中既有天使又有魔鬼。旅行者不知道哪个是天使，哪个是魔鬼。天使只说真话，魔鬼只说假话。

甲说："在乙和丙之间，至少有一个是天使。"

乙说："在丙和甲之间，至少有一个是魔鬼。"

丙说："我只说真话。"

你能判断出她们当中有几个天使吗？

322. 男女朋友

中级　　难度星级：☆☆★★★　　知识点：假设法

物理系有3个男同学A、B、C，他们是好朋友；而且更巧合的是，他们的女朋友甲、乙、丙3位姑娘也是好朋友。一天，6个人结伴出去玩，遇到一个好事者，想知道他们谁和谁是一对。于是就上前打听。

他先问A，A说他的女朋友是甲；

他又去问甲，甲说她的男朋友是C；

再去问C，C说他的女朋友是丙。

这可把这个好事者弄晕了，原来3个人都没有说真话。

你能推出谁和谁是一对吗？

323. 兔妈妈分食物

中级　　难度星级：☆☆☆★★　　知识点：假设法

兔妈妈从超市里给 3 个孩子亲亲、宝宝、贝贝买来了他们喜欢的食物（胡萝卜、面包、薯片、芹菜）。每个兔宝宝喜欢吃的食物各不相同。请根据 3 个兔宝宝的发言，推断他们喜欢吃的食物分别是什么。每个兔宝宝的话都有一半是真话，一半是假话。

亲亲："宝宝最爱吃的不是芹菜，贝贝最爱吃的不是面包。"

宝宝："亲亲最爱吃的不是面包，贝贝最爱吃的不是薯片。"

贝贝："亲亲最爱吃的不是胡萝卜，宝宝最爱吃的不是薯片。"

324. 四兄弟

中级　　难度星级：☆☆☆★★　　知识点：假设法

天使只说真话，魔鬼只说假话。一个天使和魔鬼结婚以后生下了 4 个儿子（以甲、乙、丙、丁代指），其中老大和老三继承了魔鬼的特性，只说假话；老二和老四继承了天使的特性，只说真话。

下面是他们关于年龄的对话。

甲："乙比丙年龄小。"

乙："我比甲小。"

丙："乙不是三哥。"

丁："我是长兄。"

你能判断他们的年龄顺序吗？

325. 班花的秘密

中级　　难度星级：☆☆★★★　　知识点：假设法

某大学的英语系有一个班花，长得非常漂亮，是个万人迷。全班有 9 名同学都想追求她，据说她已经和这 9 个人中的 1 个正式开始交往了，只不过还没有公开罢了。

好事者纷纷向这 9 位同学打探消息，得到的回答分别如下。

甲："这个人一定是庚，没错。"

乙："我想应该是庚。"

丙："这个人就是我。"

丁："丙最会装模作样，他在吹牛！"

戊："庚不是会说谎的人。"

己："一定是壬。"

庚："这个人既不是我也不是壬。"

辛："丙才是她的男友。"

壬："是我才对。"

又知道，这 9 句话中，只有 4 个人说了实话。

你能判断出谁才是班花的男友吗？

326. 谁是哥哥

中级　　难度星级：☆☆★★★　　知识点：假设法

有兄弟二人，哥哥上午说实话，下午说谎话；而弟弟正好相反，上午说谎话，一到下午就说实话。

有一个人问这兄弟二人："你们谁是哥哥？"

较胖的说："我是哥哥。"

较瘦的也说："我是哥哥。"

那个人又问："现在几点了？"

较胖的说："快到中午了。"

较瘦的说："已经过中午了。"

请问：现在是上午还是下午？谁是哥哥？

327．谁及格了

中级　　难度星级：☆☆★★★　　知识点：假设法

一家有 5 个儿子，他们的成绩都不是很好，爸爸总是为他们能否考试及格而发愁。一次期末考试之后，爸爸又询问孩子们的成绩。他不知道哪个儿子考试没及格，但他知道，这些孩子之间彼此知道底细，且考试没及格的人肯定会说假话，考试及格的人才说真话。

老大说："老三说过，我的 4 个兄弟中，只有一个考试没及格。"

老二说："老五说过，我的 4 个兄弟中，有两个考试没及格。"

老三说："老四说过，我们兄弟 5 个都考及格了。"

老四说："老大和老二考试没及格。"

老五说："老三考试没及格，另外老大承认过他考试没及格。"

你知道几个儿子中谁考试没及格吗？

328．谁寄的钱

中级　　难度星级：☆☆★★★　　知识点：假设法

某公司有人爱做善事，经常捐款捐物，且每次都只留公司名不留姓名。一次该公司收到感谢信，要求找出此人。公司在查找过程中，听到以下 6 句话。

（1）这钱或者是赵风寄的，或者是孙海寄的。

（2）这钱如果不是王强寄的，就是张林寄的。

（3）这钱是刘强寄的。

（4）这钱不是张林寄的。

（5）这钱肯定不是刘强寄的。

（6）这钱不是赵风寄的，也不是孙海寄的。

事后证明，这 6 句话中只有 2 句是假的，请根据以上条件，确定匿名捐款人。

329. 女儿的谎言

中级　　难度星级：☆☆☆★★　　知识点：假设法

妈妈买了一袋苹果给3个女儿（大女儿、二女儿和小女儿）吃，不一会儿，一袋苹果就被吃光了。现在知道3个人都吃了苹果，但是都没有超过3个。妈妈问谁吃了几个，三个女儿说了下面3句话。如果这句话说的是比自己吃苹果多的一方，那么这句话就是假的，否则就是真的。

大女儿："二女儿吃了2个苹果。"

二女儿："小女儿吃的不是2个苹果。"

小女儿："大女儿吃的不是1个苹果。"

请问：她们各吃了多少个苹果？

330. 谁在说谎

中级　　难度星级：☆☆☆★★　　知识点：假设法

有甲、乙、丙3个人。甲说乙在说谎，乙说丙在说谎，丙说甲和乙都在说谎。

请问：到底谁在说谎？

331. 3个人聚会

中级　　难度星级：☆☆☆★★　　知识点：假设法

张三、李四、王五3个人聚会，各只说了一句话，具体如下。

张三："李四说谎。"

李四："王五说谎。"

王五："张三和李四都说谎。"

问：谁说谎，谁没说谎？

332. 美丽的玫瑰花

中级   难度星级：☆☆★★★   知识点：假设法

在一次聚会上来了 4 位漂亮的姑娘，她们成了焦点，很多男士纷纷给她们送花。她们每人都得到了玫瑰花，并且得到的玫瑰花的总数是 10 朵。关于每个人得到玫瑰花的数量，4 位姑娘分别说了一句话。其中，得到 2 朵玫瑰花的人说了假话，其他的人说了真话。(得到 2 朵玫瑰花的人可能不止一人)

甲："乙和丙的玫瑰花总数为 5。"

乙："丙和丁的玫瑰花总数为 5。"

丙："丁和甲的玫瑰花总数为 5。"

丁："甲和乙的玫瑰花总数为 4。"

请问：她们每个人分别得到了多少朵玫瑰花？

333. 男女朋友

中级   难度星级：☆☆☆★★   知识点：假设法

甲、乙、丙、丁 4 个人是好朋友，经常在一起玩，他们的女朋友分别是 A、B、C、D。一次，有位老人问："你们究竟谁和谁是一对呀？"

乙说："丙的女朋友是 D。"

丙说："丁的女朋友不是 C。"

甲说："乙的女朋友不是 A。"

丁说："他们 3 个人中，只有 D 的男朋友说了实话。"

丁的话是可信的，老人想了好半天也没有把他们区分出来。

聪明的你能区分出来吗？

334. 白色和黑色的纸片

中级   难度星级：☆☆★★★   知识点：假设法

甲、乙、丙、丁、戊 5 个人在玩一个游戏，他们的额头分别贴了一张纸片，纸片分黑色和白色两种。每个人都知道自己头上纸片的颜色，但是看不到，但是可以看到其他人头上纸片的颜色。头上是白色纸片的人开始说真话，头上是黑色纸片的人开始说假话，他们是这么表达的：

甲说："我看到3片白色的纸片和一片黑色的纸片。"

乙说："我看到了4片黑色的纸片。"

丙说："我看到了至少一片白色的纸片。"

戊说："我看到了4片白色的纸片。"

由此，你能推断出丁头上贴的是什么颜色的纸片吗？

335. 相互牵制的僵局

中级　　难度星级：☆☆★★★　　知识点：假设法

3个嫌疑人对同一件案件进行辩解，其中有人说谎，有人说实话。警察最后一次向他们求证，对话如下。

警察问甲："乙在说谎吗？"甲回答说："不，乙没有说谎。"

警察问乙："丙在说谎吗？"乙回答说："是的，丙在说谎。"

那么，警察问丙："甲在说谎吗？"丙会回答什么呢？

336. 不同部落间的通婚

高级　　难度星级：★★★★★　　知识点：假设法

完美岛上有两个部落，其中一个叫诚实部落（总讲真话），另一个叫说谎部落（从不讲真话）。一个诚实部落的人同一个说谎部落的人结了婚，这段婚姻非常美满，夫妻双方在多年的生活中受到了对方性格的影响。诚实部落的人已习惯于每讲3句真话就讲一句假话，而说谎部落的人，则已习惯于每讲3句假话就要讲一句真话。他们生下了一个儿子，这个孩子当然具有两个部落的性格（真话假话交替着讲）。

另外，这一对家长同他们的儿子每人都有个部落号，号码各不相同。他们的名字分别叫阿尔法、贝塔、伽马。

3个人各说了4句话，但却不知道是谁说的（诚实部落的人讲的是1句假话，3句真话；说谎部落的人讲的是1句真话，3句假话；孩子讲的是真、假话各2句，并且真、假话交替）。

他们讲的话如下。

A：

（1）阿尔法的号码是3个人中最大的。

（2）我过去是诚实部落的。

（3）B是我的妻子。

（4）我的部落号比B的大22。

B：

（1）A是我的儿子。

（2）我的名字是阿尔法。

（3）C的部落号是54或78或者81。

（4）C过去是说谎部落的。

C：

（1）贝塔的部落号比伽马的大10。

（2）A是我的父亲。

（3）A的部落号是66或68或者103。

（4）B过去是诚实部落的。

请找出A、B、C 3个人中谁是父亲、谁是母亲、谁是儿子，以及他们各自的名字及他们的部落号。

337. 帽子的颜色

中级　　难度星级：☆☆★★★　　知识点：假设法

有3顶红帽子和2顶白帽子放在一起。将其中的3顶帽子分别戴在 A、B、C 3 个人头上。这 3 个人每人都只能看见其他两人头上的帽子，但看不见自己头上戴的帽子，并且也不知道剩余的 2 顶帽子的颜色。问 A："你戴的是什么颜色的帽子？"A 回答说："不知道。"接着，又以同样的问题问 B。B 想了想之后，也回答说："不知道。"最后问 C。C 回答说："我知道我戴的帽子是什么颜色了。"当然，C 是在听了 A、B 两人的回答之后才作出回答的。试问：C 戴的是什么颜色的帽子？

338. 猜帽子上的数字

高级　　难度星级：☆★★★★　　知识点：假设法

100 个人每人戴一顶帽子，每顶帽子上有一个数字（数字限制为 0~99 的整数），这些数字有可能重复。每个人只能看到其他 99 个人帽子上的数字，看不到自己帽子上的数字。这时要求所有人同时说出一个数字，是否存在一个策略使得：至少有一个人说出的是自己头上帽子的数字？如果存在，请给出具体的推算方法；如果不存在，请给出严格的证明。

339. 谁得了大奖

中级　　难度星级：☆☆★★★　　知识点：假设法

公司年底联欢会上有个抽奖环节，经理把得大奖的人的名字抽出来后，对离他最近的一桌上 5 个人说："大奖就出在你们 5 个人中。"

甲："我猜是丙得了大奖。"

乙："肯定不是我，我的运气一直不好。"

丙："我觉得也不是我。"

丁："肯定是戊。"

戊："肯定是甲，他运气一直很好。"

经理听了他们的话说："你们 5 个人只有一个人猜对了，其他 4

个人都猜错了。"

5个人听了之后，马上意识到是谁得了大奖了。

你知道了吗？

340. 几个人去

中级　　难度星级：☆☆★★★　　知识点：假设法

公司组织周末外出游玩，让每个部门上报参加的人数，好订车。营销部秘书就问他们部门几个人的意见，把意见汇总后如下。

小杜："我可能会去。"

小刘："小杜去的话，我就不去了；他不去的话，我再去。"

小黄："我看小刘，他去我也去，他不去，我也不去。"

小冯："小杜去的话，我就去。"

小郭："小黄和小冯都不去我才去。"

营销部会有几个人去呢？

341. 避暑山庄

高级　　难度星级：☆★★★★　　知识点：假设法

甲、乙、丙和丁4个人分别在上个月不同时间入住到避暑山庄，又在不同的时间分别退了房。现在只知道如下情况。

（1）滞留时间（比如从7日入住，8日离开，滞留时间为2天）最短的是甲，最长的是丁。乙和丙滞留的时间相同。

（2）丁不是8日离开的。

（3）丁入住的那天，丙已经住在那里了。

入住时间是：1日、2日、3日、4日。

离开时间是：5日、6日、7日、8日。

根据以上条件，你知道他们4个人分别的入住时间和离开时间吗？

342. 满分成绩

中级　　难度星级：☆☆★★★　　知识点：假设法

初三（2）班有 3 名同学小明、小华和小刚，他们的成绩都非常好，在一次考试中，他们的成绩有如下特点。

（1）恰有两位的数学满分，恰有两位的语文满分，恰有两位的英语满分，恰有两位的物理满分。

（2）每位同学至多只有 3 科得了满分。

（3）对于小明来说，下面的说法是正确的：如果他的数学满分，那么他的物理也是满分。

（4）对于小华和小刚来说，下面的说法是正确的：如果他的语文满分，那么他的英语也是满分。

（5）对于小明和小刚来说，下面的说法是正确的：如果他的物理满分，那么他的英语也是满分。

哪一位同学的物理没有满分？

提示：先判定哪几位同学的英语得了满分。

343. 排名次

中级　　难度星级：☆☆★★★　　知识点：假设法

A、B、C、D、E、F、G 7 人按比赛结果的名次排列情况如下（其中没有相同名次）。

（1）E 得第二名或第三名。

（2）C 没有比 E 高 4 个名次。

（3）A 比 B 低。

（4）B 不比 G 低两个名次。

（5）B 不是第一名。

（6）D 没有比 E 低 3 个名次。

（7）A不比F高6个名次。

上述说明只有两句是真实的，是哪两句呢？

试列出7个人的名次顺序。

344. 谁偷了珠宝

中级　　难度星级：☆☆★★★　　知识点：假设法

一件价值连城的珠宝在展厅里被盗，甲、乙、丙、丁4个国际大盗都有嫌疑。经过核实，发现是4个人中的两个人合伙作案。在盗窃案发生的那段时间，4个人的行动是有规律的，具体如下。

（1）甲、乙两人中有且只有一个人去过展厅。

（2）乙和丁不会同时去展厅。

（3）丙若去展厅，丁一定会同去。

（4）丁若没去展厅，则甲也没去。

根据这些情况，你可以判断是哪两个人作的案吗？

345. 6名运动员

中级　　难度星级：☆☆★★★　　知识点：假设法

要从编号为A、B、C、D、E、F的6名运动员中挑选若干人去参加运动会，但是人员的配备是有要求的，具体要求如下。

（1）A、B中至少去一人。

（2）A、D不能一起去。

（3）A、E、F中要派两人去。

（4）B、C都去或都不去。

（5）C、D中去一人。

（6）若D不去，则E也不去。

由此可见，被挑去的人是哪几个？

346. 相识纪念日

中级　　难度星级：☆☆☆★★　　知识点：假设法

汤姆和杰丽是一对情侣，他们是在一家健身俱乐部首次相遇并认识的。一天，杰丽问汤姆他们相识的纪念日是哪一天，可汤姆并没有记住确切的日期，他只知道以下这些信息。

（1）汤姆是在一月的第一个星期一那天开始去健身俱乐部的。此后，汤姆每隔4天（即第五天）去一次。

（2）杰丽是在一月的第一个星期二那天开始去健身俱乐部的。此后，杰丽每隔3天（即第四天）去一次。

（3）在一月的31天中，只有一天汤姆和杰丽都去了健身俱乐部，正是那一天他们首次相遇。

你能帮助汤姆算出他们的相识纪念日是一月的哪一天吗？

347. 谁拿了我的雨伞

中级　　难度星级：☆☆★★★　　知识点：假设法

一天，甲、乙、丙、丁、戊5个人参加一个聚会。由于下雨，5个人各带了一把伞。聚会结束时，由于走得匆忙，大家到了家以后才发现，自己拿的并不是自己的伞。

现在已知如下情况。

（1）甲拿走的伞不是乙的，也不是丁的。

（2）乙拿走的伞不是丙的，也不是丁的。

（3）丙拿走的伞不是乙的，也不是戊的。

（4）丁拿走的伞不是丙的，也不是戊的。

（5）戊拿走的伞不是甲的，也不是丁的。

另外，还发现没有两个人相互拿错了雨伞。

请问：这5个人拿走的雨伞分别是谁的？

348. 手心的名字

高级　　难度星级：☆★★★★　　知识点：假设法

春游的时候，老师带着4名学生A、B、C、D一起做猜名字的游戏。游戏过程如下。

首先，老师在自己的手上用圆珠笔写了4个人中一个人的名字。

然后，他握紧手，在此过程中，不要让4名学生中的任何一个人看到。

最后，老师对他们4个人说："我在手上写了你们4个人中一个人的名字，猜猜我写了谁的名字？"

A回答说："是C的名字。"

B回答说："不是我的名字。"

C回答说："不是我的名字。"

D回答说："是A的名字。"

4名学生猜完之后，老师说："你们4个人中只有一个人猜对了，其他3个人都猜错了。"

4个人听了以后，都很快猜出老师手中写的是谁的名字了。

你知道老师手中写的是谁的名字吗？

349. 汽车的牌子

中级　　难度星级：☆☆☆★★　　知识点：假设法

罗伯特、欧文、叶赛宁都新买了汽车，汽车的牌子是奔驰、本田、皇冠。他们一起来到朋友汤姆家里，让汤姆猜猜他们3个人各买的是什么牌子的车。汤姆猜道："罗伯特买的是奔驰车，叶赛宁买的肯定不是皇冠车，欧文自然不会是奔驰车。"很可惜，汤姆的这种猜法，只猜对了一个。据此可以推知（　　）

A.罗伯特买的是本田车，欧文买的是奔驰车，叶赛宁买的是皇冠车

B. 罗伯特买的是奔驰车，欧文买的是皇冠车，叶赛宁买的是本田车

C. 罗伯特买的是奔驰车，欧文买的是本田车，叶赛宁买的是皇冠车

D. 罗伯特买的是皇冠车，欧文买的是奔驰车，叶赛宁买的是本田车

350. 女朋友

中级　　难度星级：☆☆★★★　　知识点：假设法

3个男生、3个女生一起出去玩儿，回来之后3个男生——汤姆、托尼、罗斯对他们的好朋友李雷说："这次收获真大，我们凑成了3对。"李雷也认识那3个女生——蕾切尔、莉莉和莫妮卡，他说："那我猜猜。汤姆的女朋友是蕾切尔，托尼肯定找的不是莉莉，罗斯自然不是蕾切尔的男朋友了。"很可惜，李雷只说对了一个。由此可以知道（　　　）

A. 汤姆的女朋友是蕾切尔，罗斯的女朋友是莉莉，托尼的女朋友是莫妮卡

B. 汤姆的女朋友是蕾切尔，罗斯的女朋友是莫妮卡，托尼的女朋友是莉莉

C. 汤姆的女朋友是莫妮卡，罗斯的女朋友是蕾切尔，托尼的女朋友是莉莉

D. 汤姆的女朋友是莉莉，罗斯的女朋友是蕾切尔，托尼的女朋友是莫妮卡

351. 谁吃了苹果

中级　　难度星级：☆☆★★★　　知识点：假设法

小明、小红、小黄、小丽、小婷、小刘6个人在一个办公室，

桌子上放了个苹果，但是不知道被谁吃了，3位目击者描述如下。

第一位："不是小明吃的，就是小红吃的。"

第二位："吃苹果的人可能是小黄或者小丽。"

第三位："小丽、小婷、小刘3个人绝对没吃。"

经理笑着说："他们3个目击者只有一个人说了真话。"那么吃苹果的人是（　　　）

A. 小明

B. 小红

C. 小黄

D. 小丽

352. 聪明的俘虏

中级　　难度星级：☆☆★★★　　知识点：假设法

在一个集中营里，关了11个俘虏，有一天，集中营的负责人说："现在集中营里人满为患，我们想释放一名俘虏。我会把你们捆在广场的柱子上，在你们头上系上一条丝巾，如果你们中谁能知道自己脑袋上系的是什么颜色的丝巾，我就释放了他。如果你们中没有人知道自己脑袋上的丝巾是什么颜色的，我就让你们都在广场上饿死。"11名俘虏被蒙上眼睛带到广场上，当扯掉他们眼上的黑布时，他们发现：有一个人被捆在正中央，还被蒙着眼，其他10个人围成一个圈，由于中间那个人的阻挡，每个人只能看到另外9个人，而这9个人有的人戴的红丝巾，有的人戴的是蓝丝巾。集中营那个负责人说："我可以告诉你们，一共有6个人戴红丝巾，5个人戴蓝丝巾。"这些人还是大眼瞪小眼，没有人敢说自己头上的是什么颜色的丝巾。那个负责人说："如果你们还说不出来的话，我就把你们都饿死。"这时，中间那个一直被蒙着眼的人说："我猜到了。"

问：中央那个被蒙住眼的俘虏戴的是什么颜色的丝巾？他是怎

么猜到的?

353. 扑克牌

中级　　难度星级: ☆☆☆★★　　知识点: 假设法

桌上放着红桃、黑桃和梅花3种牌，共20张。现有以下3种假设。

（1）桌上至少有一种花色的牌少于6张。

（2）桌上至少有一种花色的牌多于6张。

（3）桌上任意两种花色的牌的总数将不超过19张。

上述假设中正确的是（　　　）

A.（1）、（2）

B.（1）、（3）

C.（2）、（3）

D.（1）、（2）和（3）

354. 辨认图片

中级　　难度星级: ☆☆☆★★　　知识点: 假设法

中国有三山五岳，其中五岳是指: 东岳泰山，南岳衡山，西岳华山，北岳恒山，中岳嵩山。小明拿出五岳的图片，标上数字1～5，让甲、乙、丙、丁、戊5个人来辨认。

甲说:"2号是泰山，3号是华山。"

乙说:"4号是衡山，2号是嵩山。"

丙说:"1号是衡山，5号是恒山。"

丁说:"4号是恒山，3号是嵩山。"

戊说:"2号是华山，5号是泰山。"

核对后，发现每个人都只说对了一个，那么正确的结果是怎样的?

355. 6个兄弟

中级　　难度星级：☆☆★★★　　知识点：假设法

一家中有6个兄弟，他们的排行从上到下分别是老大、老二、老三、老四、老五和老六，每个人都和与他年龄最近的人关系不好。例如，老三与老二、老四关系不好。他们围着一个圆形的桌子吃饭，他们一定不会与和自己关系不好的人相邻而坐。现在又出了点儿事情，老三和老五因为一点儿小事吵了起来，这回排座位就更难了。你能帮助他们排一下座位吗？

356. 分别在哪个科室

高级　　难度星级：☆★★★★　　知识点：假设法

在一所医院里，甲、乙、丙3位医生分别负责内科、外科、骨科、皮肤科、泌尿科和妇产科。每位医生兼任两个科室的工作。骨科医生和内科医生住在一起，甲医生是3位医生中最年轻的，内科医生和丙医生经常一起下棋，外科医生比皮肤科医生年长，比乙医生又年轻。3个人中最年长的医生住处比其他两位医生远。

请问，每位医生分别对应哪个科室？

357. 老朋友聚会

中级　　难度星级：☆☆★★★　　知识点：假设法

甲、乙、丙、丁4个人上大学的时候在一个宿舍住，毕业10年后他们又约好回母校相聚。老同学相见分外热情和亲切。4个人聊起来，知道了这么一些情况：只有3个人有自己的车；只有两个人有自己喜欢的工作；只有一个人有了自己的别墅；每个人至少具备一个条件；甲和乙对自己的工作条件感觉一样；乙和丙的车是同一牌子的；丙和丁中只有一个人有车。如果有一个人3种条件都具备，那么，你知道他是谁吗？

358. 几个人说谎

中级　　难度星级：☆☆★★★　　知识点：假设法

一个大学宿舍中的共用热水瓶被打碎了。对此，5名学生分别说了如下一句话。

甲："不是我打碎的。"

乙："甲说谎。"

丙："我不知道。"

丁："丙说谎。"

戊："丙和丁都在说谎。"

请问，这5个人中有几个人说了谎话呢？

第九章

类比思维法

类比思维法是通过比较两个（或两类）对象，找出它们在某一方面（特征、属性和关系）的类似点，从而把其中一个对象的其他有关性质，移植到另一个对象中去。就是寻找相似点，在比较中创新。因此，类比思维是从特殊到特殊的思维方法。

类比的双方可以是同类的，也可以是不同类的，甚至可以是毫无关联的，但在两种事物的交界边缘上可能会取得创造性的突破。通过类比思维，在类比中联想，从而升华思维，既有模仿又有创新。运用类比法常会产生新的发现和发明。

类比思维主要有以下几种方法。

1. 形式类比

形式类比包括形象特征、结构特征和运动特征等几个方面的类比。

有一位母亲，她的儿子生病了，看着儿子躺在床上无法使用笔直的吸管喝水，只能用勺子喂，这位母亲心里十分难受。于是，她开始琢磨怎样能让儿子躺着也能喝到水。

一次偶然的机会，她在洗衣服的时候发现洗衣机的导水管是蛇皮形的，突然灵机一动，为什么不能把吸管也做成这样呢？于是，她将吸管中间的一段做成蛇皮形的，这样，她就发明了能弯曲的吸管。

2. 功能类比

功能类比是把一个事物的功能应用于其他事物上，从而得出新的思维结果。

近代发明家贝尔发明电话机的灵感就来源于把人的鼓膜与电话膜片直接类比。每当人们问起他是如何应用类比思维技巧而获得成功的，他都不无自豪地说："我注意到，与控制耳骨的灵敏的鼓膜相比，人的耳骨的确很大。这使我想到，如果一种薄膜也是这样灵敏，它就能够摇动几倍于它的很大的骨状物。电话就这样被构想出来了。"

3. 原理类比

原理类比是指把一个事物的原理应用在其他事物上，从而产生积极结果的思维方法。

美国的莱特兄弟被公认为是飞机的发明者。他们于1903年12月17日成功完成了世界上第一次人力驱动的飞行。在他们很小的时候，莱特兄弟就对飞行产生了浓厚的兴趣。他们经常观察各种鸟类飞行的姿态，并从中获得很大的启示：他们发现鸟类的翅膀相对于身体要大得多，鸟类在飞行时可以通过调整翅膀的角度和振幅来保持平衡和控制方向。于是他们设计出了一种可以产生升力和控制方向的机翼结构，最终发明了飞机。

359. 类比推理（1）

中级　　难度星级：☆☆☆★★　　知识点：类比

从4个选项中，找出与题干关系最为类似的一组（　　　）

家父：父亲

A. 老婆：老伴

B. 鄙人：自己

C. 鼻祖：祖宗

D. 作家：作者

360. 类比推理（2）

中级　　难度星级：☆☆☆★★　　知识点：类比

从 4 个选项中，找出与题干关系最为类似的一组（　　）

数字：白菜

A. 黄河：长江

B. 华山：牛顿

C. 博士：教授

D. 燕雀：鸿鹄

361. 类比推理（3）

中级　　难度星级：☆☆☆★★　　知识点：类比

从 4 个选项中，找出与题干关系最为类似的一组（　　）

空气：氧气

A. 海水：氯化钠

B. 电脑：辐射

C. 微波炉：微博

D. 黄山：山脉

362. 类比推理（4）

中级　　难度星级：☆☆☆★★　　知识点：类比

从 4 个选项中，找出与题干关系最为类似的一组（　　）

地震：恐慌

A. 封闭：落后

B. 差距：税收

C. 天灾：人祸

D. 乌鸦：麻雀

363. 类比推理（5）

中级　　难度星级：☆☆☆★★　　知识点：类比

从 4 个选项中，找出与题干关系最为类似的一组（　　　）

奖金：奖励：激励

A. 长江：黄河：松花江

B. 爱因斯坦：牛顿：爱迪生

C. 打折：促销：竞争

D. 燕雀：鸿鹄：蚂蚁

364. 类比推理（6）

中级　　难度星级：☆☆☆★★　　知识点：类比

从 4 个选项中，找出与题干关系最为类似的一组（　　　）

车祸：赔偿

A. 生病：医生

B. 作家：出书

C. 博士：学习

D. 纠纷：诉讼

365. 类比推理（7）

中级　　难度星级：☆☆☆★★　　知识点：类比

从 4 个选项中，找出与题干关系最为类似的一组（　　　）

干净：一尘不染

A. 暖和：风和日丽

B. 寒冷：千里冰封

C. 清楚：视而不见

D. 认真：一丝不苟

366. 类比推理（8）

中级　　难度星级：☆☆☆★★　　知识点：类比

从 4 个选项中，找出与题干关系最为类似的一组（　　）

灯光：黑暗

A. 钱财：贫穷

B. 华山：土地

C. 花草：绿化

D. 燕雀：飞鸟

367. 类比推理（9）

中级　　难度星级：☆☆☆★★　　知识点：类比

从 4 个选项中，找出与题干关系最为类似的一组（　　）

蚂蚁：爬行

A. 蜗牛：胆小

B. 小鸟：虫子

C. 青蛙：跳跃

D. 小鱼：欢快

368. 类比推理（10）

中级　　难度星级：☆☆☆★★　　知识点：类比

从 4 个选项中，找出与题干关系最为类似的一组（　　）

创造：历史

A. 发扬：光大

B. 社会：和谐

C. 扩大：内需

D. 文化：传承

369. 类比推理（11）

中级　　难度星级：☆☆☆★★　　知识点：类比

从 4 个选项中，找出与题干关系最为类似的一组（　　　）

土豆：白菜

A. 丰功：伟绩

B. 嵩山：少林

C. 博士：教授

D. 飞鸟：老鹰

370. 类比推理（12）

中级　　难度星级：☆☆☆★★　　知识点：类比

从 4 个选项中，找出与题干关系最为类似的一组（　　　）

可爱：小猫

A. 美丽：牛顿

B. 雄伟：华山

C. 教授：渊博

D. 鬼哭：狼嚎

371. 类比推理（13）

中级　　难度星级：☆☆☆★★　　知识点：类比

从 4 个选项中，找出与题干关系最为类似的一组（　　　）

白鸽：和平

A. 大海：浩瀚

B. 玫瑰：爱情

C. 博士：渊博

D. 乌龟：缓慢

372. 类比推理（14）

中级　　难度星级：☆☆☆★★　　知识点：类比

从 4 个选项中，找出与题干关系最为类似的一组（　　）

士兵：军装

A. 黄河：泥沙

B. 职员：白领

C. 医生：白大褂

D. 男人：帽子

373. 类比推理（15）

中级　　难度星级：☆☆☆★★　　知识点：类比

从 4 个选项中，找出与题干关系最为类似的一组（　　）

图书：知识

A. 饮食：健康

B. 休息：劳累

C. 医生：疾病

D. 导航：路线

374. 类比推理（16）

中级　　难度星级：☆☆☆★★　　知识点：类比

从 4 个选项中，找出与题干关系最为类似的一组（　　）

农民：锄头

A. 居民：水井

B. 猎人：弓弩

C. 老师：知识

D. 飞鸟：翅膀

375. 类比推理（17）

中级　　难度星级：☆☆☆★★　　知识点：类比

从 4 个选项中，找出与题干关系最为类似的一组（　　）

纸张：图书

A. 水流：长江

B. 黄山：石头

C. 泥土：陶瓷

D. 竹子：木船

376. 类比推理（18）

中级　　难度星级：☆☆☆★★　　知识点：类比

从 4 个选项中，找出与题干关系最为类似的一组（　　）

大连：辽宁

A. 巢湖：安徽

B. 华山：四川

C. 武汉：湖南

D. 萍乡：江西

377. 类比推理（19）

中级　　难度星级：☆☆☆★★　　知识点：类比

从 4 个选项中，找出与题干关系最为类似的一组（　　）

石头：剪刀：布

A. 斧头：扳手：锤子

B. 电脑：电视：洗衣机

C. 包袱：剪子：锤子

D. 铁：玻璃：木头

378. 类比推理（20）

中级　　难度星级：☆☆☆★★　　　知识点：类比

从 4 个选项中，找出与题干关系最为类似的一组（　　）

阳光：紫外线

A. 电脑：辐射

B. 海水：氯化钠

C. 混合物：单质

D. 微波炉：微波

379. 类比推理（21）

中级　　难度星级：☆☆☆★★　　　知识点：类比

从 4 个选项中，找出与题干关系最为类似的一组（　　）

恋爱：结婚

A. 上学：毕业

B. 幸福：痛苦

C. 狂风：细雨

D. 山川：大河

380. 类比推理（22）

中级　　难度星级：☆☆☆★★　　　知识点：类比

从 4 个选项中，找出与题干关系最为类似的一组（　　）

杂志对于（　　）相当于（　　）对于农民

A. 报纸 菜农

B. 纸张 土豆

C. 书刊 土地

D. 编辑 白菜

381. 类比推理（23）

中级　　难度星级：☆☆☆★★　　知识点：类比

从 4 个选项中，找出与题干关系最为类似的一组（　　　）

作家：出版社：读者

A. 老师：学校：学生

B. 货物：售货员：顾客

C. 医生：医院：病人

D. 厂商：营业员：消费者

382. 类比推理（24）

中级　　难度星级：☆☆☆★★　　知识点：类比

从 4 个选项中，找出与题干关系最为类似的一组（　　　）

寡对于（　　　）相当于利对于（　　　）

A. 孤　弊

B. 少　害

C. 众　钝

D. 多　益

383. 类比推理（25）

中级　　难度星级：☆☆☆★★　　知识点：类比

从 4 个选项中，找出与题干关系最为类似的一组（　　　）

空调：风扇

A. 楼梯：电梯

B. 丝巾：帽子

C. 冰箱：电视

D. 窗户：门框

384. 类比推理（26）

中级　　难度星级：☆☆☆★★　　知识点：类比

从 4 个选项中，找出与题干关系最为类似的一组（　　）

火：寒冷

A. 信：隐私

B. 钱：财富

C. 才：能力

D. 水：干渴

385. 类比推理（27）

中级　　难度星级：☆☆☆★★　　知识点：类比

从 4 个选项中，找出与题干关系最为类似的一组（　　）

插座：插头

A. 眼镜：镜盒

B. 针线：纽扣

C. 螺丝：螺帽

D. 筷子：碗

386. 类比推理（28）

中级　　难度星级：☆☆☆★★　　知识点：类比

从 4 个选项中，找出与题干关系最为类似的一组（　　）

开封：汴京

A. 南京：金陵

B. 武汉：鄂

C. 太原：晋

D. 昆明：春城

387. 类比推理（29）

中级　　难度星级：☆☆☆★★　　知识点：类比
从 4 个选项中，找出与题干关系最为类似的一组（　　）
豆浆：豆腐
A. 椅子：木头
B. 酸奶：奶酪
C. 干冰：冰块
D. 书本：纸片

388. 类比推理（30）

中级　　难度星级：☆☆☆★★　　知识点：类比
从 4 个选项中，找出与题干关系最为类似的一组（　　）
侵犯：自卫
A. 学习：进步
B. 控告：辩护
C. 胜利：失败
D. 沮丧：鼓励

389. 类比推理（31）

中级　　难度星级：☆☆☆★★　　知识点：类比
从 4 个选项中，找出与题干关系最为类似的一组（　　）
大同：小异
A. 前怕狼：后怕虎
B. 内忧：外患
C. 青山：绿水
D. 深入：浅出

390. 类比推理（32）

中级　　难度星级：☆☆☆★★　　知识点：类比

从 4 个选项中，找出与题干关系最为类似的一组（　　）

努力：失败

A. 发芽：开花

B. 耕耘：歉收

C. 城市：乡村

D. 起诉：被告

391. 类比推理（33）

中级　　难度星级：☆☆☆★★　　知识点：类比

从 4 个选项中，找出与题干关系最为类似的一组（　　）

打印机：文件

A. 家具：衣柜

B. 冰箱：食物

C. 洗衣机：洗衣服

D. 水果：西瓜

392. 类比推理（34）

中级　　难度星级：☆☆☆★★　　知识点：类比

从 4 个选项中，找出与题干关系最为类似的一组（　　）

逗号：中止

A. 句号：停顿

B. 金钱：花销

C. 回车：换行

D. 猪肉：食物

393. 类比推理（35）

中级　　难度星级：☆☆☆★★　　知识点：类比

从 4 个选项中，找出与题干关系最为类似的一组（　　　）

肠胃：消化

A. 心脏：思考

B. 汽车：驾驶

C. 货车：运输

D. 电脑：文件

394. 类比推理（36）

中级　　难度星级：☆☆☆★★　　知识点：类比

从 4 个选项中，找出与题干关系最为类似的一组（　　　）

禾苗：土地

A. 学生：学校

B. 老师：大学

C. 心脏：循环

D. 病人：医院

395. 类比推理（37）

中级　　难度星级：☆☆☆★★　　知识点：类比

从 4 个选项中，找出与题干关系最为类似的一组（　　　）

学生：考试：成绩

A. 司机：汽车：客人

B. 保姆：客户：小孩

C. 职员：工作：工资

D. 老师：学生：考试

396. 类比推理（38）

中级　　难度星级：☆☆☆★★　　知识点：类比

从 4 个选项中，找出与题干关系最为类似的一组（　　）

（　　）对于　名垂千古　相当于　廉洁奉公　对于（　　）

A. 身败名裂——贪赃枉法

B. 德高望重——流芳百世

C. 疾恶如仇——乐善好施

D. 见利忘义——独断专行

397. 类比推理（39）

中级　　难度星级：☆☆☆★★　　知识点：类比

从 4 个选项中，找出与题干关系最为类似的一组（　　）

（　　）对于　痊愈　相当于　改革　对于（　　）

A. 治疗——发展

B. 休息——革命

C. 医生——创新

D. 病人——改变

398. 类比推理（40）

中级　　难度星级：☆☆☆★★　　知识点：类比

从 4 个选项中，找出与题干关系最为类似的一组（　　）

松花江：黑龙江

A. 洞庭湖：四川

B. 庐山：江苏

C. 长白山：山西

D. 泰山：山东

399. 类比推理（41）

中级　　难度星级：☆☆☆★★　　知识点：类比

从 4 个选项中，找出与题干关系最为类似的一组（　　　）

失恋了：很痛苦

A. 夜晚停电了：屋里黑

B. 吃饭了：肚子饿

C. 加油站：跑得快

D. 毕业了：见不到

400. 类比推理（42）

中级　　难度星级：☆☆☆★★　　知识点：类比

从 4 个选项中，找出与题干关系最为类似的一组（　　　）

（　　　） 对于　山脉　相当于　星星　对于　（　　　）

A. 江河——星系

B. 山峰——星座

C. 石头——月亮

D. 土地——银河

401. 类比推理（43）

中级　　难度星级：☆☆☆★★　　知识点：类比

从 4 个选项中，找出与题干关系最为类似的一组（　　　）

试卷：测评

A. 书信：联络

B. 汽车：司机

C. 白领：工资

D. 厨师：饭菜

402. 类比推理（44）

中级　　难度星级：☆☆☆★★　　知识点：类比

从 4 个选项中，找出与题干关系最为类似的一组（　　）

龙：狗：鼠

A. 马：牛：羊

B. 猫：虎：蛇

C. 狼：狗：猪

D. 鸡：鸭：鹅

403. 类比推理（45）

中级　　难度星级：☆☆☆★★　　知识点：类比

从 4 个选项中，找出与题干关系最为类似的一组（　　）

马铃薯：土豆

A. 地瓜：红薯

B. 鲜花：玫瑰

C. 甘蓝：大白菜

D. 杨花：柳絮

第十章

追踪思维法

追踪思维法，也称因果思维法，是指按照原思路刨根寻底，穷追不舍，直至找出答案为止。

追踪思维要求你善于发现一些常被人忽视的地方，通过仔细观察与思考，在现有事物的基础上一步一步地向前探索，一步一步地思考，直到解决问题。

任何事物都有其原因和结果、表象和本质。通过结果，可以探究出事物的原因；通过表象，可以发掘事物的本质。只要你善于发现一些不引人注意的线索，步步深入地追究下去，从未知到已知，从现实到可能地加以思考，最后就能产生创造性的成果。

"妈妈，我是从哪里来的？"

"你是妈妈生出来的。"

"那妈妈是哪里来的？"

"妈妈是妈妈的妈妈生出来的。"

"那妈妈的妈妈是哪里来的？"

"是妈妈的外婆生出来的。按照达尔文的进化论，最早的人类是从古类人猿演变而来的，然后，每个人都是他的妈妈生出来的。"

小时候，我们都向父母问过这样的问题，而且往往对他们的回答不满意，总是一直"为什么"地问下去。事实上，这种追问是每个孩子的天性，也是追踪思维的原型。

404. 放球问题

中级　　难度星级：☆☆★★★　　知识点：排列组合

把 9 个相同的小球放入编号分别为 1、2、3 的 3 个箱子中，要求每个箱子放球的个数不小于其编号数，则不同的放球方法有多少种？

405. 求数字

中级　　难度星级：☆☆☆★★　　知识点：因数分解

5 个一位整数之和为 30，其中一个是 1，一个是 8，而这 5 个数的乘积是 2520。你能说出余下的是哪 3 个数吗？

406. 少卖了 2 元钱

高级　　难度星级：☆★★★★　　知识点：计算

李大妈在早市卖花，她每天卖黄玫瑰、红玫瑰、蓝玫瑰各 24 朵，其中每 2 朵黄玫瑰 1 元，每 3 朵红玫瑰 1 元，每 4 朵蓝玫瑰 1 元。有一天，一位路人告诉她如果把 3 种玫瑰混在一起卖，每 9 朵卖 3 元，这样让客人自己搭配能卖得快一些。第二天，李大妈就尝试着这样做，最后玫瑰花卖完了，却只卖了 24 元，比平时少卖了 2 元，这 2 元钱去哪里了呢？

407. 正确时间

中级　　难度星级：☆☆☆★★　　知识点：计算

在早晨列队检查时，警长问身边的秘书现在几点了。精通数学的秘书回答道："从午夜到现在这段时间的 $\frac{1}{4}$，加上从现在到午夜这段时间的一半，就是现在的确切时间。"你能算出这段对话发生的时间吗？

408. 猎人打狼

中级　难度星级：☆☆★★★　知识点：计算

有 A、B、C、D、E 5 个猎人一起去打狼。在晚上整理猎物的时候，发现：A 与 B 共打了 14 匹狼，B 与 C 共打了 20 匹狼，C 与 D 共打了 18 匹狼，D 与 E 共打了 12 匹狼。而且，A 和 E 打的狼的数量一样多。C 先把他的狼和 B、D 的狼放在一起平分为 3 份，各取其一，其他的人也这么做。D 同 C、E 联合，E 同 D、A 联合，A 同 E、B 联合，B 同 A、C 联合。这样分下来，每个人获得的狼的个数一样多，并且在分的过程中，没有出现把狼分割成块的现象。那么，你能算出每个人各打了多少匹狼吗？

409. 猜年龄

中级　难度星级：☆☆★★★　知识点：计算

小张在一所学校当老师，最近学校新进两名同事小李和老王。小张想知道小李的年龄。小李喜欢开玩笑，于是对小张说："想知道我的年龄并不难，你猜猜看吧！我的年龄和老王的年龄合起来是 48 岁，老王现在的年龄是我过去某一年的年龄的两倍；在过去的那一年，老王的年龄又是将来某一年我的年龄的一半；而到将来的那一年，我的年龄将是老王过去当他的年龄是我的年龄 3 倍时的年龄的 3 倍。你能算出来我现在是多少岁了吗？"

小张被绕糊涂了，你能帮他算出来小李现在的年龄吗？

410. 猜猜年龄

中级　难度星级：☆☆★★★　知识点：因数分解

小张和小王在路上遇见了小王的 3 个熟人 A、B、C。

小张问小王："他们 3 个人今年多大？"

小王想了想说："那我就考考你吧：他们 3 个人的年龄之和为我们两人的年龄之和，他们 3 个人的年龄相乘等于 2450。"

小张算了算说："我还是不知道。"

小王听后笑了笑说："那我再给你一个条件——他们 3 个人的年龄都比我们的朋友小李要小。"

小张听后说："那我知道了。"

最后问小李的年龄是多少？

411. 1=2?

中级　　难度星级：☆☆☆★★　　知识点：乘法的意义

假设：$a=b$ 且 a，$b>0$，

所以：$ab=bb$，

$ab-aa=bb-aa$，

$a(b-a)=(b+a)(b-a)$，

$a=b+a$，

$a=2a$，

$1=2$。

上面的证明过程哪里错了？

412. 伪慈善

中级　　难度星级：☆☆☆★★　　知识点：数列求和

一个小伙子经常向身边的朋友们炫耀，称自己经常施舍给那些无家可归的人金钱。一天，他又说："昨天我又施舍了 50 个一元的硬币给 10 个流浪汉。不过我没有把这些钱平均分给他们，而是根据他们的贫穷程度施舍的。每个人最少给了一个一元硬币，而且他们每个人得到的硬币数各不相同。"

"你在说谎。"一个听到这话的小孩当众指出。

小伙子恼羞成怒："你凭什么说我说谎，我确实给他们了，也是按我说的方式分配的。你有什么证据说我说谎？"

小孩解释了一番，大家一听都明白了。原来小伙子确实在说谎。你知道小孩的理由是什么吗？

413. 钟表慢几分

中级　　难度星级：☆☆☆★★　　知识点：时钟

把每小时慢 10 分钟的表在 12 点时校对了时间。当这个表再次指向 12 点时，标准时间是多少？

414. 掷硬币游戏

中级　　难度星级：☆☆★★★　　知识点：概率

两个男孩轮流掷一枚硬币，并且说好谁掷到正面朝上硬币就归谁。如果不在硬币上做手脚，谁有优势呢？

415. 现在几点

中级　　难度星级：☆☆☆★★　　知识点：时间

从现在开始，两小时以后到中午 12 点之间的时间，刚好是一小时以后到中午 12 点之间的时间的一半，请问现在是几点？

416. 触礁

中级　　难度星级：☆☆★★★　　知识点：周期

一天，一艘轮船触礁了，大约有 25 分钟就会沉没。轮船备有一艘可以载 5 人的皮划艇，从沉船到最近的小岛要 4 分钟时间。请问最多可以有几人被救？

417．苏轼猜谜

中级　　难度星级：☆☆☆★★　　知识点：猜谜

传说，北宋大文学家苏轼有个聪明绝顶的妹妹叫苏小妹。一次，兄妹二人猜谜。苏轼说："我有一物生得巧，半边鳞甲半边毛，半边离水难活命，半边入手命难保。"苏小妹一听就猜出了谜底，说："那我也给你猜一个字谜吧。我有一物分两旁，一旁好吃一旁香，一旁眉山去吃草，一旁岷江把身藏。"

苏轼听完哈哈大笑，因为妹妹和自己猜的是同一个字谜，你知道谜底是什么吗？

418．酋长的谜语

中级　　难度星级：☆☆☆★★　　知识点：猜谜

一个年轻人被食人族抓了起来，食人族的酋长很崇敬聪明人，于是他对年轻人说："我给你猜个谜语，如果你能猜出来，我就放了你。"年轻人答应了。

酋长的谜语是：行也坐，站也坐，卧也坐，猜一物。

年轻人听了笑笑说："我也有一个谜语，请你猜一猜。"

年轻人的谜语是：行也卧，站也卧，坐也卧，也猜一物。

并补充说："我的谜底可以吃掉你的谜底。"

酋长恍然大悟，放了年轻人。

你知道这两个谜语的谜底分别是什么吗？

419．买水果

中级　　难度星级：☆☆☆★★　　知识点：猜谜

小明放假时帮妈妈卖水果。这天来了一位老大爷，看到小明聪明可爱，就想逗逗他，于是故意不把要买的水果名称说出来，而是说："我要买骨包肉，皮包肉各一斤，肉包骨不要。"小明一听就知道客人要什么了。

你知道老大爷要买什么吗？

420. 打哑谜

中级　　难度星级：☆☆☆★★　　知识点：猜谜

这天是小明生日，早上一到学校，好朋友小刚就塞给他一幅画，上面画着一个五角星，下面画了一个女孩一个男孩。小明略一沉思，就弄明白了小刚画的意思。于是拿起笔，在反面画了两朵枯萎的花，还给了小刚。小刚一看笑了，说："没想到你竟然看明白了！"

你看明白两个人的意思了吗？

421. 巧猜谜语

中级　　难度星级：☆☆☆★★　　知识点：猜谜

一天，小明和小刚在一起写作业，遇到一个很难的应用题，都解不出来。想着想着小刚突然想起一个谜语来，就对小刚说："我给你出个谜语吧。牛角刀，猜一个字。"小刚想了想，小明的谜底肯定和写作业有关，终于想到了。

你知道小明的谜底是什么吗？

422. 猜名字

中级　　难度星级：☆☆☆★★　　知识点：猜谜

一天，王浩家来了两个同学，他们是一对双胞胎。王浩的弟弟问："哥哥，你这两位同学叫什么名字？"王浩趁机给弟弟出了个问题："他俩的姓和咱俩差不多，是个宝贝；他俩的名都是一个字，而且长得很相似；哥哥的名比姓多了一个头，弟弟的名比哥哥的名多了两只手和两条腿。"

你能帮王浩的弟弟想出他们叫什么吗？

423. 猜谜语

中级　　难度星级：☆☆☆★★　　知识点：猜谜

小明放暑假的时候去乡下的爷爷家玩。这天天气很热，小明就去给在田里干活的爷爷送水。爷爷很高兴，一边喝水一边对小孙子说："我给你猜个谜语吧——不是溪流不是泉，不是雨露落草间，冬天少来夏天多，日晒不干风吹干。"

聪明的小明一下就猜出了答案，但是他并没有说出来，而是对爷爷说："我也给您出个谜语——不是雨露不是泉，不是溪流也有源，在家少来下地多，它和勤劳紧相连。"

爷爷一听，原来两个谜语的谜底是同一个字，连连夸小明聪明。

你能猜出二人的谜语吗？

424. 盒子里的东西

中级　　难度星级：☆☆★★★　　知识点：矛盾

在桌子上放着 A、B、C、D 4 个盒子。每个盒子上都有一张纸条，分别写着一句话。

A 盒子上写着：所有的盒子里都有水果。

B 盒子上写着：本盒子里有香蕉。

C 盒子上写着：本盒子里没有梨。

D 盒子上写着：有些盒子里没有水果。

如果这里只有一句话是真的，你能断定哪个盒子里有水果吗？

425. 比拼财产

中级　　难度星级：☆☆☆★★　　知识点：不等式

有 4 个富翁在比拼财产。

甲说："4 个人中，乙最富。"

乙说："4个人中，丙最富。"

丙说："我不是最富有的。"

丁说："丙比我富，甲比丙富。"

已知，其中只有一个人在说假话。

请问：4个人中谁最富？从最富到最不富的顺序怎么排？

426. 两兄弟

中级　难度星级：☆☆☆★★　知识点：真话假话

小姨带着她的双胞胎儿子来小红家玩，两个小孩除了一个人穿红衣服、一个人穿蓝衣服外，其他都一模一样。小红看了很高兴，左瞅瞅、右瞅瞅，就问他们谁是哥哥、谁是弟弟。穿红衣服的小孩说："我是哥哥。"穿蓝衣服的小孩说："我是弟弟。"小姨在旁边咯咯地笑，边笑边说："小红，他们中至少有一个在说谎。"那么，你能帮小红判断出谁是哥哥吗？

427. 破解僵局

中级　难度星级：☆☆☆★★　知识点：真话假话

一个天使、一个人、一个魔鬼聚到了一起。已知，天使总说真话；人有时说真话，有时说假话；魔鬼总是说假话。下面是他们之间的对话，请判断一下他们的身份。

甲说："我不是天使。"

乙说："我不是人。"

丙说："我不是魔鬼。"

428. 真真假假

中级　难度星级：☆☆★★★　知识点：真话假话

A、B、C 3个人的名字分别叫真真、假假、真假（不对应），真真只说真话，假假只说假话，而真假有时说真话有时说假话。

有一个人遇到了他们，于是问 A："请问，B 叫什么名字？" A 回答说："他叫真真。"

这个人又问 B："你叫真真吗？" B 回答说："不，我叫假假。"

这个人又问 C："B 到底叫什么？" C 回答说："他叫真假。"

请问：你知道 A、B、C 中谁是真真，谁是假假，谁是真假吗？

429. 参加活动的人

中级　　难度星级：☆☆★★★　　知识点：真话假话

甲、乙、丙、丁 4 名同学在同一个班级，他们聚在一起议论本班参加运动会的情况。

甲说："我们班所有同学都参加了。"

乙说："如果我没参加，那么丙也没参加。"

丙说："我参加了。"

丁说："我们班所有同学都没有参加。"

已知 4 个人中只有一人说的话不正确，请问，谁说的话不正确？乙参加了吗？

430. 骗子公司

高级　　难度星级：☆★★★★　　知识点：真话假话

一个奇怪的公司只招收两种人：一种是只说真话的老实人，一种是只说假话的骗子。一天，一个人来到该公司办事，想知道这个公司里一共有几个骗子。

中午吃饭的时候，全公司的人都围坐在一个大大的圆形餐桌旁吃饭，这个人向每个人都问了一个同样的问题："你左边的那个人是不是骗子？"

每个人的回答都是："是。"

这个人又问公司经理，他们公司一共有多少人，经理说一共有25人。回家后，这个人突然想起忘记问经理是老实人还是骗子了，于是急忙打电话询问。可是经理不在，是他的秘书接的，秘书回答："公司里一共有 36 人，我们经理是骗子。"

根据上面的情况，请你帮助这个人判断一下经理是不是骗子，这个公司一共有多少人。

431. 女排，女篮

中级　　难度星级：☆☆★★★　　知识点：真话假话

甲、乙、丙、丁、戊 5 个人，要么是女排队员，要么是女篮队员。虽然她们知道自己的职业，但是别人却并不了解，在一次联欢晚会上，她们请大家根据以下陈述进行推理。

甲对乙说："你是女排队员。"

乙对丙说："你和丁都是女排队员。"

丙对丁说："你和乙都是女篮队员。"

丁对戊说："你和乙都是女排队员。"

戊对甲说："你和丙都不是女排队员。"

如果规定对同队的人（即女排对女排，女篮对女篮）说真话，对异队的人说假话，那么，女排队员是哪几个？

432. 纸片游戏

高级　　难度星级：☆★★★★　　知识点：假设法

Q 先生、S 先生和 P 先生在一起做游戏。Q 先生用两张小纸片，各写一个数，这两个数都是正整数，差为 1。他把一张纸片贴在 S 先生额头上，另一张贴在 P 先生额头上。于是，两个人只能看见对方额头上的数。

Q 先生不断地问："你们谁能猜到自己头上的数？"

S 先生说："我猜不到。"

P 先生说："我也猜不到。"

S 先生又说："我还是猜不到。"

P 先生又说："我也猜不到。"

S 先生仍然猜不到；P 先生也猜不到。

S 先生和 P 先生都已经 3 次猜不到了。

可是，到了第四次，S 先生喊起来："我知道了！"

P 先生也喊道："我也知道了！"

问：S 先生和 P 先生头上各是什么数？

433. 猜扑克牌

中级　　难度星级：☆☆★★★　　知识点：假设法

P 先生、Q 先生都具有足够的推理能力。这天，他们正在接受推理考试。"逻辑教授"在桌子上放了如下 16 张扑克牌。

红桃：A、Q、4。

黑桃：J、8、3、2、7、4。

草花：K、Q、5、4、6。

方块：A、5。

教授从这 16 张牌中挑出一张牌来，并把这张牌的点数告诉 P 先生，把这张牌的花色告诉 Q 先生。然后，教授问 P 先生和 Q 先生："你们能从已知的点数或花色中推知这是张什么牌吗？"

P 先生："我不知道这张牌。"

Q 先生："我知道你不知道这张牌。"

P 先生："现在我知道这张牌了。"

Q 先生："我也知道了。"

请问：这张牌是什么？

434. 老师的生日

高级 **难度星级**：☆★★★★ **知识点**：假设法

小明和小强都是张老师的学生，张老师的生日是 M 月 N 日，两人都不知道。张老师的生日是下列 10 组日期中的一天，他把 M 值告诉了小明，把 N 值告诉了小强，张老师问："你们知道我的生日是哪一天吗？"

小明说："如果我不知道的话，小强肯定也不知道。"

小强说："本来我也不知道，但是现在我知道了。"

小明说："哦，那我也知道了。"

请根据以上对话，推断出张老师的生日是以下的哪一天。

3 月 4 日，3 月 5 日，3 月 8 日；

6 月 4 日，6 月 7 日；

9 月 1 日，9 月 5 日；

12 月 1 日，12 月 2 日，12 月 8 日。

435. 被偷的答案

中级 **难度星级**：☆☆★★★ **知识点**：逻辑推理

一天，在迪姆威特教授讲授的一节物理课上，他的物理测验的答案被人偷走了。有机会窃取这份答案的，只有阿莫斯、伯特和科布这 3 名学生，下面是这 3 名学生当天上课的情况。

（1）那天，这个教室里总共上了 5 节物理课。

（2）阿莫斯只上了其中的两节课。

（3）伯特只上了其中的 3 节课。

（4）科布只上了其中的 4 节课。

（5）迪姆威特教授只讲授了其中的 3 节课。

（6）这 3 名学生都只上了两节迪姆威特教授讲授的课。

（7）这3名被怀疑的学生出现在这5节课的每节课上的组合各不相同。

（8）在迪姆威特教授讲授的一节课上，这3名学生中有两名来上课了，另一名没有来上课。事实证明，来上这节课的那两名学生没有偷取答案。

请你根据上述信息，判断这3名学生谁偷了答案。

436. 英语竞赛

中级　　难度星级：☆☆★★★　　知识点：假设法

小王、小张、小李、小刘和小赵每人都参加了两次英语竞赛，已知如下信息。

（1）每次竞赛只进行4场比赛：小王对小张，小王对小赵，小李对小刘，小李对小赵。

（2）只有一场比赛在两次竞赛中胜负情况保持不变。

（3）小王是第一次竞赛的冠军。

（4）在每一次竞赛中，输一场即被淘汰，只有冠军一场都没输。谁是第二次竞赛的冠军？

注：每场比赛都不会有平局的情况。

提示：从一个人必定胜的比赛场数，判定在第一次竞赛中每一场的胜负情况；然后判定哪一位选手在两场竞赛中输给了同一个人。

437. 大有作为

中级　　难度星级：☆☆★★★　　知识点：逻辑推理

鲁道夫、菲利普、罗伯特3个青年，一个当了歌手，一个考上大学，一个加入美国海军陆战队，个个未来都大有作为。现已知如下情况。

（1）罗伯特的年龄比战士的大。

（2）大学生的年龄比菲利普小。

（3）鲁道夫的年龄和大学生的年龄不一样。

请问：3个人中谁是歌手？谁是大学生？谁是士兵？

438．谁偷了试卷

中级　　难度星级：☆☆★★★　　知识点：逻辑推理

高三（2）班期末考试的试卷在考试前两天的时候被偷了，老师根据调查和一些线索找到了3个可能的嫌疑人。对3个嫌疑人来说，下列事实成立。

（1）A、B、C3个人中至少一人偷了试卷。

（2）A偷试卷时，B、C肯定会与他一起作案。

（3）C偷试卷时，A、B肯定会与他一起作案。

（4）B偷试卷时，没有人同他一起作案。

（5）A、C中至少一人无罪。

根据以上信息，请问是谁偷了试卷？

439．写信

高级　　难度星级：☆★★★★　　知识点：逻辑推理

一所大学的教室里设有一个"书信角"，经常会有学生给心仪的同学写信。

已知如下信息。

（1）教室里标有日期的信都是用粉色纸写的。

（2）小王写的信都是以"亲爱的"开头的。

（3）除了小赵外没有人用黑墨水写信。

（4）任何人都看不到收藏起来的信。

（5）只有一页信纸的信中，都标明了日期。

（6）只有用黑墨水写的信才未作标记。

（7）用粉色纸写的信都被收藏起来了。

（8）作标记的信只有一页信纸。

（9）小赵没有写一封以"亲爱的"开头的信。

根据以上信息，判断小李是否可以看到小王写的信？

440. 副经理姓什么

中级　　难度星级：☆☆★★★　　知识点：逻辑推理

一家公司有 3 名职员：老张、老陈和老孙。公司的经理、副经理和秘书恰好与这 3 名职员的姓氏一样。现在已知如下情况。

（1）职员老陈是天津人。

（2）职员老张已经工作了 20 年。

（3）副经理家住在北京和天津之间。

（4）老孙常和秘书下棋。

（5）其中一名职员和副经理是邻居，他也是一个老职工，工龄正好是副经理的 3 倍。

（6）与副经理同姓的职员家住北京。

根据上面的资料，你能知道副经理姓什么吗？

441. 小王的老乡

中级　　难度星级：☆☆★★★　　知识点：逻辑推理

小王寝室有 5 位室友，他们分别姓赵、钱、孙、李、周，其中一位是他的同乡。

（1）5 位室友分为两个年龄档：3 位是 80 后，2 位是 90 后。

（2）2 位在学校工作，另外 3 位在工厂工作。

（3）赵和孙属于相同年龄档。

（4）李和周不属于相同年龄档。

（5）钱和周的职业相同。

（6）孙和李的职业不同。

（7）小王的同乡是一位在学校工作的90后。

请问：谁是小王的老乡？

442．排队

中级　难度星级：☆☆★★★　知识点：逻辑推理

课间操时，小王、小张、小赵、小李、小吴、小孙6个人排成一排。他们的前后顺序如下。

（1）小孙没有排在最后，而且他和最后一个人之间还有两个人。

（2）小吴不是最后一个人。

（3）在小王的前面至少还有4个人，但他没有排在最后。

（4）小李没有排在第一位，但他前后至少都有两个人。

（5）小赵没有排在最前面，也没有排在最后。

请问：他们6个人的前后顺序是怎么排的？

443．四兄弟的职业

高级　难度星级：☆★★★★　知识点：逻辑推理

一家有四兄弟，老大、老二、老三、老四，大学毕业后，他们各自成了家，而且一个成了教师，一个成了编辑，一个成了记者，一个成了律师。

请你根据下面的情况判断每个人的职业。

（1）老大和老二是邻居，每天一起骑车去上班。

（2）老大比老三长得高。

（3）老大和老四业余一同练武术。

（4）教师每天步行上班。

（5）编辑的邻居不是律师。

（6）律师和记者互不往来。

（7）律师比编辑和记者长得高。

444．什么关系

中级　　难度星级：☆☆☆★★　　知识点：逻辑推理

有 A、B、C、D、E 5 个亲戚，其中 4 个人每人讲了一个真实情况，如下。

（1）B 是我父亲的兄弟。

（2）E 是我的岳母。

（3）C 是我女婿的兄弟。

（4）A 是我兄弟的妻子。

上面提到的每个人都是这 5 个人中的一个 [例如，(1) 中"我父亲"和"我父亲的兄弟"都是 A、B、C、D、E 5 个人中的一个]，则由此可以推出（　　）

A．B 和 D 是兄弟关系

B．A 是 B 的妻子

C．E 是 C 的岳母

D．D 是 B 的子女

445．最后一名

中级　　难度星级：☆☆★★★　　知识点：逻辑推理

在一场百米赛跑中，明明得了倒数第一名，他告诉妈妈下列的情形。

（1）丙没有获得第一名。

（2）戊比丁高了两个名次，但戊不是第二名。

（3）甲不是第一名也不是最后一名。

（4）丙比乙高了一个名次。

你能判断出在甲、乙、丙、丁和戊中谁是明明吗？

446. 教职员工

中级　　难度星级：☆☆★★★　　知识点：逻辑推理

某大学的一名教职员工说："我们系里的教职员工中，包括我在内，总共有 16 名教授和讲师。下面讲到的人员情况，无论是否把我计算在内，都不会有任何变化。"

在这些教职员工中，有如下情况。

（1）讲师多于教授。

（2）男教授多于男讲师。

（3）男讲师多于女讲师。

（4）至少有一位女教授。

请问，这位说话的人是什么性别和职务？

提示：确定一种不与题目中任何陈述相违背的关于男讲师、女讲师、男教授和女教授的人员分布情况。

第十一章

博弈思维法

博弈思维法就是在作决策之前要考虑自己的行为对他人的影响以及他人的行为对自己的影响，也就是决策双方相互的影响。博弈思维的前提之一是绝对理性人假设，也就是参与游戏的人全部都是绝顶聪明的人。

博弈方法是思维方法中比较复杂、难以把握的方法。由于竞争双方都在进行博弈，所以这种竞争的结果不仅依赖于自己的抉择，也依赖于参加竞争的所有人的行为。一旦实施，无论对错都无法挽回，只有一拼了。博弈方法需要借助于一定的心理分析。

你喜欢下棋吗？当你下棋的时候，是不是非常希望取胜？于是，在下棋过程中，你常常为一招棋冥思苦想，最后作出决策。也许你不知道，在你冥思苦想要走出一招好棋的过程当中，实际上就包含着"博弈思维"。也就是说，每走一步棋，你的脑海中必然想了好几种方法，同时，你会考虑你走了这步棋之后，对方会怎样应对，然后你是否还继续占有优势。你的大脑快速运转，比较了你能想到的每一种方法的优劣，最终选择一种你认为最好的办法，这就是博弈思维法。

博弈思维法的基本步骤如下。

1. 诊断问题所在，确定目标

诊断问题所在，这是任何科学思维方法实际操作的前提。正如一位医生给病人看病，必先诊断一番，确定病因，才能对症下药。

不知问题所在，不知行动的目标为何物，一切思考和行动都将是盲目的。

2. 探索和拟订各种可能的备选方案

目标明确之后，就要围绕目标寻找各种可能的方案，并尽可能安全。因为每一种可能的方案都有可能成为最后的决策。

3. 从各种备选方案中选出最合适的方案

博弈思维在生活中也经常会用到，尤其是在对重大事情作抉择时，一定要注意权衡利弊得失，注重长远的眼光，既要善于选择，还要学会放弃。

447. 相互提问

中级　　难度星级：☆☆☆★★　　知识点：博弈思维

一个大人和一个小孩想要做一个游戏。

大人这样对小孩说："我们来玩一个互相提问的游戏，我问你一个问题，你若答不出，你给我一元；而你问我一个问题，我答不出，我就给你一百元，如何？"

小孩眨眨眼睛，说："行啊！"

"那你说说我的体重是多少？"大人先问道。

小孩想了一下，掏出一元钱给了大人。

轮到小孩提问了，你知道孩子问什么问题才能赢大人吗？

448. 小红帽脱险

中级　　难度星级：☆☆☆★★　　知识点：博弈思维

小红帽去看外婆，但不幸落入了大灰狼的魔爪。大灰狼得意地对小红帽说："你可以说一句话。如果这句话是真话，我就煮了你吃；如果这句话是假话，那我就把你炸了吃。"小红帽不想被大灰狼吃，她应该怎么说这句话呢？

449. 锦囊妙计

中级　　难度星级：☆☆★★★　　知识点：博弈思维

小刘从乡下到城里打工，他自认为很聪明，但是找了几个用人单位，都嫌他学历不够，不肯录用他。在城里待了没几天，钱就都花光了，已经两顿没吃到东西。他听人说有个饭店老板很爱逻辑学，就想去碰碰运气，看能不能要到一顿饭。到了饭店的时候，正好赶上老板闲来无事。

小刘对老板说："我想问您两个问题，您只能回答'是'或者'不是'，不能用其他的语句。但在正式提问以前，我要同您先约定好，您一定要听清楚之后再回答，而且两个问题的答案在逻辑上都必须是完全合理的，不能自相矛盾。"

老板好奇地看着小刘，小刘接着说："如果您同意我的条件，我问完这两个问题，您会心甘情愿地请我吃顿饭的。"

老板的兴趣越发浓厚了，就答应了他的要求。

结果，不但老板心甘情愿地请小刘吃了顿饭，还让他在自己的店里工作了。你知道小刘的两个问题是什么吗？

450. 组织踢球

中级　　难度星级：☆☆☆★★　　知识点：博弈思维

每到临近过年的时候，在外地上学的同学就会从全国各地纷纷回到老家。这时候便有好踢足球之人希望将很久没有见面的同学叫到一起踢一场足球。一场正规的足球比赛需要双方各 11 人，不过在同学之间的不正规比赛，双方各有 4~5 人就可以进行了，也就是说，组织者只需要叫齐 8~10 个人就行。然而还有一个难题，受到邀请的同学对是否能够组织起这么多人不抱希望，所以很可能会推脱。

请问：作为一个高明的组织者，有什么技巧可以既快速又有把握地组建好一支球队呢？

451. 钢琴辅导

中级　　难度星级：☆☆★★★　　知识点：博弈思维

张老师开有一个钢琴辅导班，专门辅导小孩钢琴演奏。

最近，张老师打算涨学费。于是，他对第一个来接孩子的家长说道："从下次上课开始，学费要涨了。"

这位家长听到要涨学费，一皱眉，心中有些不高兴。

张老师又接着说："因为小孩越弹越好，要教给他比较高级的课程。"

家长一撇嘴："算了吧，我在家听孩子弹琴，弹来弹去还是那么差。"

结果自然是不欢而散，这位家长甚至直接给孩子办了退班手续。

张老师该怎么做才能既可以涨学费，又不会让家长退班呢？

452. 聪明程度

高级　　难度星级：☆★★★★　　知识点：博弈思维

1987 年的某一天，伦敦《金融时报》刊登了一个很怪异的竞赛广告。这个广告要求参与者寄回一个 0 到 100 之间的整数，获胜条件是你选择的这个数，最接近全体参与者寄回的所有数的平均值的 $\frac{2}{3}$。获胜者将获得两张伦敦到纽约的飞机头等舱的往返机票。

如果你是这个竞赛的参与者，你会选哪个数呢？

453. 裁员还是减薪

中级　　难度星级：☆☆☆★★　　知识点：博弈思维

在金融危机中，我们经常听到的就是"减薪"和"裁员"，那么企业在面临艰难的困境时，到底是应该选择裁员还是选择减薪呢？两者会对企业产生怎样的影响呢？

如果你拥有一个公司，这个公司正面临着资金不足的情形，就快没有足够的钱给雇员发放薪水了。这时候你有两个选择：一是每人减薪 15%；二是开除 15% 的雇员。

你会选择怎么做呢？

454. 聪明的弟子

中级　　难度星级：☆☆★★★　　知识点：博弈思维

苏格拉底的 3 个弟子曾向他请教这样一个问题：怎样才能找到理想的伴侣？

苏格拉底并没有正面回答他们，而只是让他们 3 个人走进麦田，从一头出发到另一头，中途只许前进，不许后退。期间他们可以摘取一株麦穗，但仅有一次机会。最后比一下谁摘的麦穗最大。田地里的麦穗有大有小，有挺拔光鲜的，也有低矮瘪空的，所以 3 个人必须想好该如何做出自己的选择。

第一个弟子先行。他想：只有一次机会的话，那么一旦看到又大又漂亮的麦穗，我就应该立刻摘取它，这样绝对不会留下遗憾。这样想着，没走几步，这个弟子就发现一株既饱满又漂亮的麦穗，于是兴奋地将其摘到手。当他继续前行时，发现前面有许多比他手中的麦穗更大更漂亮的，但他已经没有机会了，只能无奈又遗憾地走完了剩下的路程。

轮到第二个弟子时，因为有第一个弟子的前车之鉴，于是他想：麦田里的麦穗这么多，一开始看见的肯定不是最好的，后面一定有更好的，所以我不能急着摘取，机会只有一次，要谨慎再谨慎。带着这样的想法他也开始了行程。刚开始时，他果然也发现了又大又美丽的麦穗，但他忍住了没摘，他相信后面会看见更好的，于是继续前行。一路上他又发现了不少优秀的麦穗，他依然没有下手，每一次他都想，后面会有更好的，不能急，要谨慎。就这样直到快走到田地尽头时，他的手中还是空空的，他已经错过了所有的好的麦穗，然而却已经无法回头了，只好随手摘了一株普通的麦穗。

第三个弟子最为聪明，他看到前两个人的情形，暗暗决定要吸取他们的教训。你知道他是如何做的吗？

455. 抓住机会

中级　　难度星级：☆☆★★★　　　知识点：博弈思维

作为学生，我最害怕在课堂上回答问题，而且我发现周围的同学和我一样。每次上课的时候，当教授提问时，我总是习惯把头低下去，生怕教授的眼光扫到自己。

一次外语课上，一位来自商业银行的专家做讲演。做讲演的人总是希望有人配合自己，于是他问道："教室内有多少学经济的同学？"可是没有一个人响应。但我知道，我们当中很多人包括我自己都是学习经济的，只是由于怕被提问的原因，大家都沉默着。专家苦笑了一下，说："我先暂停一下，讲个故事给你们听。我刚到美国读书的时候，在大学里经常有讲座，每次都是请华尔街或跨国公司的高级管理人员来讲演。讲演的人都是一流的人物，在他们面前说话就意味着机会。当你的回答令他满意或者吃惊时，很有可能就预示着他会给你提供更多的机会。这是一个很简单的道理。但是那么多人去听讲演，如何才能获得有限的几次机会呢？你有什么好办法吗？"

456. 滚球游戏

中级　　难度星级：☆☆★★★　　　知识点：博弈思维

甲、乙两个人在玩一种滚球游戏，将13根木柱排成一行立在地上，然后用一只球猛击其中一根木柱或相邻的两根木柱。由于击球者距离木柱极近，玩这种游戏无需什么特殊技巧，即可随心所欲地击倒任意一根木柱或相邻的两根木柱。甲、乙轮流击球，谁击倒最后一根木柱谁就是赢家。

甲先击球，他击倒了第二根木柱。这时乙应该怎么做才能获得胜利呢？

457. 损坏的瓷器

高级　　难度星级：☆★★★★　　知识点：博弈思维

有两个出去旅行的女孩，一个叫"中原一点红"，一个叫"沙漠樱桃"，她们互不认识，各自在景德镇同一个瓷器店购买了一个一模一样的瓷器。当她们下飞机后，提取行李时发现托运的瓷器可能由于运输途中的意外而遭到损坏，她们随即向航空公司提出索赔。但由于物品没有发票等证明价格的凭证，于是航空公司内部评估人员估算了价值应该在 1000 元以内。因为航空公司无法确切知道该瓷器的价格，于是便分别告诉这两个女孩，让她们把当时购买该瓷器的价格分别写下来，然后告诉航空公司。

航空公司认为，如果这两个女孩都是诚实可信的老实人的话，那么她们写下来的价格应该是一样，如果不一样的话，则必然有人说谎。而说谎的人总是为了能获得更多的赔偿，所以可以认为申报价格较低的那个女孩应该更加可信，并会采用较低的那个价格作为赔偿金额，此外会给予那个给出更低价格的诚实女孩价值 200 元的奖励。

如果这两个女孩都非常聪明的话，她们最终会写多少钱呢？

458. 罪犯分汤

中级　　难度星级：☆☆☆★★　　知识点：博弈思维

有一个监狱，每个房间关着 8 个犯人。傍晚时候，狱卒会在每个房间门口放一桶汤，这就是犯人的晚餐；8 个犯人会自觉分这些汤。最开始，他们每天轮流派一个人分汤。慢慢地，大家发现那个分汤的人总会有些偏心，给自己或者关系比较好的多分一些。所以他们决定改变这种方式，另外派一个人监督。刚开始的时候，效果挺好，但过一段时间后，发现监督的人出现受贿问题，分汤的人给监督者多分一些汤，监督者就不会再管汤分得是否公平。于是他们又决定轮流监督，但是问题依然存在。后来他们决定成立一个3人的监督小组，汤分得公平了，可是每天为分汤的问题忙得不可开交，等到吃饭的时候汤早就凉了。

因为分汤的问题，这个房间的犯人打了好几次架了，最后，有一个狱卒提出了一个很简单的方法，让他们的汤分得平均起来。其实有的时候，简单才是最有效的。你能想到这种方法吗？

459. 巧过关卡

中级　　难度星级：☆☆★★★　　知识点：博弈思维

战争期间，6岁的乔安娜一家人想要逃出城外，她爸爸托人拿到了一张通行证。一家4口来到了位于城外一座独木桥上的关卡，上面贴了告示，规定：一个通行证最多可以带两人出入，但不记名，可重复使用。爸爸算了一下：爸爸单独走过独木桥需要2分钟，妈妈需要4分钟，乔安娜需要8分钟，奶奶需要10分钟。每次两个人出关卡，还需要有人把通行证拿回来。但是还有24分钟，城里的追兵就要追上来了。他们能逃脱吗？

460. 古老的堆物博弈

中级　　难度星级：☆☆★★★　　知识点：博弈思维

（1）巴什博弈：只有一堆 n 个物品，两个人轮流从这堆物品中取物，规定每次至少取一个，最多取 m 个，最后取光者获胜。你知道获胜策略吗？

（2）威佐夫博弈：有两堆物品各若干个，两个人轮流从某一堆或同时从两堆中取同样多的物品，规定每次至少取一个，多者不限，最后取光者获胜。你知道获胜策略吗？

（3）尼姆博弈：有 3 堆物品，这些堆中各有若干个物品。两个人轮流从某一堆取任意多的物品，规定每次至少取一个，多者不限，最后取光者获胜。你知道获胜策略吗？

461. 纸牌游戏

中级　难度星级：☆☆★★★　　知识点：博弈思维

小明、小李和小王 3 个人玩一种纸牌游戏，一共用 36 张牌，他们是 18 个对子。然后从中间随机抽出一张放在一旁，谁也不知道它是什么牌。这样就剩下了 17 个对子，还有一个单张。然后按照下列规则玩牌。

（1）小明发牌，先给小李 1 张，再给小王 1 张，然后给自己 1 张。如此反复，直到发完所有的牌。

（2）在每个人都把手中成对的牌打出之后，每个人手中至少剩下 1 张牌，而 3 个人手中的牌总共有 9 张。

（3）在剩下的牌中，小李和小明手中的牌加在一起能配成的对子最多，小王和小明手中的牌加在一起能配成的对子最少。

那么，请问那个唯一的单张发给了谁？

提示：应判定出给每个人发了几张牌以及每两个人手中的牌加在一起能配成对子的数目。

462. 巧出扑克牌

中级　难度星级：☆☆★★★　　知识点：博弈思维

现有扑克牌智力题如下。

甲方：1 个 2，3 个 K，3 个 J，2 个 Q，2 个 7，2 个 6，2 个 5，2 个 4，1 个 3。

乙方：2个A，2个10。

规定：由甲方先出，先出完者为胜。规则符合一般出牌规则，此外可出三带双（如：3个J带2个4），但不可出三带一（如：3个K带1个3），可出五连顺（34567），但不可出四连顺（如：4567），也不可出连对（如：4455等）。

问甲方可否胜出？

463. 蜈蚣博弈的悖论

高级　难度星级：☆★★★★　知识点：博弈思维

蜈蚣博弈是由罗森塔尔（Rosenthal）提出的。它是这样一个博弈：两个参与者A、B轮流进行策略选择，可供选择的策略有"合作"和"背叛"（"不合作"）两种。假定A先选，然后是B，接着是A，如此交替进行。A、B之间的博弈次数为有限次，比如10次。假定这个博弈各自的收益如下。

$$A \rightarrow B \rightarrow A \cdots\cdots A \rightarrow B \rightarrow A \rightarrow B \rightarrow (10,10)$$
$$\downarrow \quad \downarrow \quad \downarrow \quad \cdots\cdots \downarrow \quad \downarrow \quad \downarrow \quad \downarrow$$
$$(1,1) \quad (0,3) \quad (2,2) \quad (8,8) \quad (7,10) \quad (9,9) \quad (8,11)$$

博弈从左到右进行，横向箭头代表合作策略，向下的箭头代表不合作策略。每个人下面对应的括号代表相应的人采取不合作策略，博弈结束后，各自的收益，括号内左边的数字代表A的收益，右边代表B的收益。

现在的问题是：A、B会如何进行策略选择？

464. 花瓣游戏

中级　难度星级：☆☆★★★　知识点：博弈思维

有一个有意思的小游戏，两个人拿着一朵有13片花瓣的花，轮流摘去花瓣。一个人一次只可以摘一片或者相邻的两片花瓣，谁摘到最后的那片花瓣谁就是赢家。有一个聪明的小姑娘发现，只要使用一种技巧，就可以在这个游戏中一直获胜。那么，这个获胜的人是先摘的人还是后摘的人？需要用什么方法呢？

465. 倒推法博弈

中级　　难度星级：☆☆★★★　　知识点：博弈思维

在某个城市假定只有一家房地产开发商 A，我们知道任何没有竞争的垄断都会获得极高的利润，假定 A 此时每年的垄断利润是 10 亿元。

现在有另外一个企业 B 准备从事房地产开发。面对着 B 要进入其垄断的行业，A 想：一旦 B 进入，A 的利润将受损很多，B 最好不要进入。所以 A 向 B 表示："你进入的话，我将阻挠你进入。"假定当 B 进入时 A 阻挠的话，A 的利润降低到 2 亿元，B 的利润是 -1 亿元。而如果 A 不阻挠的话，A 的利润是 4 亿元，B 的利润也是 4 亿元。

这是房地产开发商之间的博弈问题。A 的最好结局是"B 不进入"，而 B 的最好结局是"进入"而 A"不阻挠"。但是，这两个最好的结局却不能同时得到。那么结果是什么呢？

A 向 B 发出威胁："如果你进入，我将阻挠。"而对 B 来说，如果进入，A 真的阻挠的话，他将损失 1 亿元（假定 1 亿元是他的机会成本），当然此时 A 也有损失。对于 B 来说，问题是：A 的威胁可信吗？

466. 将军的困境

高级　　难度星级：☆★★★★　　知识点：公共知识

两个将军各带领自己的部队埋伏在相距一定距离的两个山上，等候敌人。将军 A 得到可靠情报说，敌人刚刚到达，立足未稳，没有防备，如果两股部队一起进攻的话，就能够获得胜利；而如果只有一方进攻的话，进攻方将失败。这是两位将军都知道的。但是 A 遇到了一个难题：如何与将军 B 协同进攻？那时没有电话之类的通信工具，而只有通过派情报员来传递消息。将军 A 派遣一个情报员去了将军 B 那里，告诉将军 B：敌人没有防备，两军于黎明一起进攻。然而可能发生的情况是，情报员失踪或者被敌人抓获。即，将军 A 虽然派遣情报员向将军 B 传达"黎明一起进攻"的信息，但他不能确定将军 B 是否收到他的信息。还好情报员顺利回来了，可是将军 A 又陷入了迷茫：将军 B 怎么知道情报员肯定回来了？将军 B 如果不能肯定情报员回来的话，他必定不会贸然进攻的。于是将军 A 又将该情报员派遣到将军 B 处。然而，他不能保证这次情报员肯定到了将军 B 那里……

如果你是这两位将军中的一个，你有什么办法？

467. 理性的困境

中级　　难度星级：☆☆★★★　　知识点：博弈思维

两人分一笔总量固定的钱，比如 100 元。方法是：一人提出方案，另外一人表决。如果表决的人同意，那么就按提出的方案来分；如果不同意的话，两人将一无所得。比如 A 提方案，B 表决。如果 A 提的方案是 70：30，即 A 得 70 元，B 得 30 元。如果 B 接受，则 A 得 70 元，B 得 30 元；如果 B 不同意，则两人将什么都得不到。

如果叫 A 来分这笔钱，A 会怎样分？

468. 纽科姆悖论

高级　　难度星级：★★★★★　　知识点：博弈思维

一天，一个从外层空间来的超级生物欧米加在地球着陆。

欧米加搞出一个设备来研究人类的大脑。它可以十分准确地预测每一个人在二选一时会选择哪一个。

欧米加用两个大箱子检验了很多人。箱子 A 是透明的，总是装着 1000 美元；箱子 B 不透明，它要么装着 100 万美元，要么空着。

欧米加告诉每一个受试者："你有两种选择，一种是你拿走两个箱子，可以获得其中的东西。可是，当我预测你这样做时，我就让箱子 B 空着。你就只能得到 1000 美元。另一种选择是只拿箱子 B。如果我预测你这样做时，我就放进箱子 B 中 100 万美元。你能得到全部的钱。"

说完，欧米加就离开了，留下了两个箱子供人选择。

一个男人决定只拿箱子 B。他的理由是——我已看见欧米加尝试了几百次，每次他都预测对了。凡是拿两个箱子的人，只能得到 1000 美元。所以我只拿箱子 B，就会变成百万富翁。

一个女孩决定要拿两个箱子，她的理由是——欧米加已经做完了他的预测，并已离开。箱子不会再变了。如果 B 是空的，那它还是空的；如果它是有钱的，它还是有钱。所以我要拿两个箱子，就可以得到里面所有的钱。

你认为谁的决定更好？两种想法不可能都对，哪一种错了，它为何错了？

469. 如何选择

中级　　难度星级：☆☆★★★　　知识点：博弈思维

有个农夫有两个儿子，农夫死后，两个儿子想要分农夫的遗产。小儿子将农夫遗产平均分成两份，大儿子说："这样吧，咱们两个都是说话算数并很有理性的人。我把遗产分成两份，你来选，如果你做出个不合理的选择，那我就在你选择的那份基础上再奖励你 100 万。怎么样？"小儿子听了之后，觉得很好，就答应了。农夫留下来的遗产共有 10 万元，大儿子把这些遗产分成 A：0 元；B：10 万元。

请问：小儿子应该如何选择？

470. 是否交换

中级　　难度星级：☆☆★★★　　知识点：博弈思维

一个综艺节目举行抽奖游戏。他们准备了两个信封，里面有数额不等的钱，交给 A、B 两人。两人事先不知道信封里面钱的数额，只知道每个信封里的钱数为 5、10、20、40、80、160 元中的一个，并且其中一个信封里的钱是另一个信封里的 2 倍。也就是说，若 A 拿到的信封中是 20 元，则 B 信封中或为 10 元，或为 40 元。

A、B 拿到信封后，各自看自己信封中钱的数额，但看不到对方信封中钱的数额。如果现在给他们一个与对方交换的机会，请问，他们如何判断是否交换？

471. 报数游戏

中级　　难度星级：☆☆★★★　　知识点：博弈思维

甲、乙两人玩轮流报数游戏。甲先报，第一次只允许报出 2 的 K 次方（K 为不为 0 的自然数，包括 0），然后乙接着报，他也是只允许增加 2 的 K 次方（K 为不为 0 的自然数，包括 0），谁报到 3000 谁就赢。

请问这个游戏最终谁将获胜？为什么？

472. 猜数字（1）

高级　　难度星级：☆★★★★　　知识点：博弈思维

甲、乙、丙是某教授的 3 个学生，3 个人都足够聪明。教授发给他们 3 个数字（自然数，没有 0），每人 1 个数字，并告诉他们这 3 个数字的和是 14。

甲马上说道："我知道乙和丙的数字是不相等的！"

乙接着说道："我早就知道我们 3 个的数字都不相等了！"

丙听到这里马上说："哈哈，我知道我们每个人的数字都是几了！"

请问：这 3 个数分别是多少？

473. 猜数字（2）

中级　难度星级：☆☆★★★　知识点：博弈思维

老师从 1 到 80 之间（大于 1 小于 80）选了两个自然数，将二者之积告诉同学 P（Product），二者之和告诉同学 S（Sum），然后他问两位同学能否推出这两个自然数分别是多少。

S 说："我不知道这两个数是什么，但我知道 P 肯定不知道这两个数是什么。"

P 说："那么我知道了。"

S 说："那么我也知道了！"

其他同学："我们也知道啦！"

……

通过这些对话，你能猜到老师选出的两个自然数是什么吗？

474. 抢报 35 游戏

中级　难度星级：☆☆★★★　知识点：博弈思维

晶晶和春春在玩一个叫"抢报 35"的游戏。游戏规则很简单：两个人轮流报数，第一个人从 1 开始，按顺序报数，他可以只报 1，也可以报 1、2，也可以报 1、2、3，也可以报 1、2、3、4。第二个人接着第一个人报的数再报下去，但最多也只能报 4 个数，而且不能一个数都不报。例如，第一个人报的是 1，第二个人可报 2，也可报 2、3；若第一个人报了 1、2，则第二个人可报 3，也可报 3、4、5、6。接下来仍由第一个人接着报，如此轮流下去，谁先报到 35 谁胜。

晶晶很大度，每次都让春春先报，但每次都是她胜。春春觉得其中肯定有问题，于是坚持要晶晶先报，结果还是以晶晶胜居多。你知道晶晶的获胜策略是什么吗？

475. 海盗分金

高级　　难度星级：☆★★★★　　知识点：博弈思维

5个海盗抢到了100块金子，每一块都一样大小且价值连城。他们决定这么分：抽签决定自己的号码（1、2、3、4、5），然后由1号提出分配方案让大家表决，当且仅当半数或者超过半数的人同意时，按照他的方案进行分配，否则他将被扔进大海喂鲨鱼。如果1号死了，就由2号提出分配方案，然后剩下的4人进行表决，当且仅当半数或者超过半数的人同意时，按照他的方案进行分配，否则将被扔入大海喂鲨鱼，依此类推。每个海盗都是很聪明的人，都能很理智地判断，从而作出选择。那么第一个海盗提出怎样的分配方案才能使自己的收益最大化？

476. 海盗分金（加强版）

高级　　难度星级：★★★★★　　知识点：博弈思维

10个海盗抢得了窖藏的100块金子，并打算瓜分这些战利品。他们的习惯是按下面的方式进行分配：最厉害的一个海盗提出分配方案，然后所有的海盗（包括提出方案者本人）就此方案进行表决。如果50%或更多的海盗赞同此方案，此方案就获得通过并据此分配战利品。否则提出方案的海盗将被扔到海里，然后由下一个提名最厉害的海盗重复上述过程。

所有的海盗都乐于看到他们的一个同伙被扔进海里，不过，如果让他们选择的话，他们还是宁可得一笔现金。他们当然也不愿意自己被扔到海里。所有的海盗都是有理性的，而且知道其他的海盗也是有理性的。此外，没有两个海盗是同等厉害的——这些海盗按照完全由上到下的等级排好了座次，并且每个人都清楚自己和其他所有人的等级。这些金块不能再分，也不允许几个海盗共有金块，因为任何海盗都不相信他的同伙会遵守关于共享金块的安排。这是一伙每人都只为自己打算的海盗。

最厉害的一个海盗应当提出什么样的分配方案才能使他获得最多的金子呢？

477. 海盗分金（超级版）

高级　　难度星级：★★★★★　　知识点：博弈思维

海盗分金的问题扩大到有 500 个海盗的情形，即 500 个海盗抢得了窖藏的 100 块金子，并打算瓜分这些战利品。他们的习惯是按下面的方式进行分配：最厉害的一个海盗提出分配方案，然后所有的海盗（包括提出方案者本人）就此方案进行表决。如果 50% 或更多的海盗赞同此方案，此方案就获得通过并据此分配战利品。否则提出方案的海盗将被扔到海里，然后由下一个提名最厉害的海盗重复上述过程。

所有的海盗都乐于看到他们的一个同伙被扔进海里，不过，如果让他们选择的话，他们还是宁可得一笔现金。他们当然也不愿意自己被扔到海里。所有的海盗都是有理性的，而且知道其他的海盗也是有理性的。此外，没有两个海盗是同等厉害的——这些海盗完全按照由上到下的等级排好了座次，并且每个人都清楚自己和其他所有人的等级。这些金块不能再分，也不允许几个海盗共有金块，因为任何海盗都不相信他的同伙会遵守关于共享金块的安排。这是一伙每人都只为自己打算的海盗。

最厉害的一个海盗应当提出什么样的分配方案才能使他获得最多的金子呢？

478. 少数派游戏

中级　　难度星级：☆☆★★★　　知识点：博弈思维

这个游戏共有 22 人参加。这 22 个人集中在一个大厅里，参加一个叫作"少数派"的游戏。游戏规则很有意思：每个人手里都有一副牌，游戏组织者会给大家一小时自由讨论时间，然后每个人亮出一张牌。主持人统计红色牌和黑色牌的数量，并规定数量较少的那一方取胜，多数派将全部被淘汰。获胜的选手在一小时后进行新一轮的游戏，依然是少数派胜出。若某次亮牌后双方人数相等，则该轮游戏无效，继续下一轮。游戏一直进行下去，直到最后只剩下一人或两人为止（只剩两人时显然已无法分辨胜负）。所有被淘汰的人都必须缴纳罚金，这些罚金将作为奖金分给获胜者。

这个游戏有很多科学的地方，其中最有趣的地方就是，简单的结盟策略将变得彻底无效。如果游戏是多数人获胜，那你只要能成功说服其中 11 个人和你一起组队（并承诺最后将平分奖金），你们 12 个人便可以保证获胜。但在这里，票数少的那一方才算获胜，这个办法显然就不行了。因此，欺诈和诡辩将成为这个游戏的最终手段。如果你是这 22 个参赛者中的其中一个，你会怎么做呢？

479. 精灵的语言

高级　　难度星级：★★★★★　　知识点：博弈思维

有 A、B、C 这 3 个精灵，其中一个只说真话，另外一个只说假话，还有一个随机决定何时说真话，何时说假话。你可以向这 3 个精灵发问 3 条是非题，而你的任务是从他们的答案中找出谁说真话，谁说假话，谁是随机答话。你每次可选择任意一个精灵问话，问的问题可以取决于上一题的答案。这个难题困难的地方是这些精灵会以"Da"或"Ja"回答，但你并不知道它们的意思，只知道其中一个词代表"对"，另外一个词代表"错"。你应该问哪 3 个问题呢？

480. 是人还是妖怪

高级　　难度星级：☆★★★★　　知识点：博弈思维

在一个奇怪的岛上，住着两种居民：人和妖怪。妖怪会变化，总是以人的状态生活。有一年，这里发生了一场大瘟疫，有一半的人和一半的妖怪都生了病而变得精神错乱了。这样一来，这里的居民就分成了 4 类：神志清醒的人、精神错乱的人、神志清醒的妖怪、精神错乱的妖怪。从外表上是无法将他们区分开的。他们的不同在于：凡是神志清醒的人总是说真话的，但是，一旦精神错乱了，他就只会说假话了。

妖怪同人恰好相反，凡是神志清醒的妖怪都是说假话的，精神错乱的妖怪说真话。

这 4 类居民，讲话都很干脆，他们对任何问题的回答，只用两个词："是"或"不是"。

有一天，有位"逻辑博士"来到这个岛上。他遇见了一个居民 P。"逻辑博士"很想知道 P 是属于 4 类居民中的哪一类。于是，他就向 P 提出一个问题。他根据 P 的回答，立即就推断出 P 是人还是妖怪。后来，他又提出了一个问题，又推断出 P 是神志清醒的，还是精神错乱的。

"逻辑博士"先后提的是哪两个问题呢？

481. 回答的话

高级　　难度星级：☆★★★★　　知识点：博弈思维

在一个奇怪的岛上有两个部落，一个部落叫诚实部落，一个部落叫说谎部落。诚实部落的人只说实话，而说谎部落的人只说假话。一个路人要找一个诚实部落的人问路，他遇到两个人，就问其中的一个："你们两个人中有诚实部落的人吗？"被问者回答了他的话，路人根据这句话，很快就判断出哪一个是诚实部落的人了。你知道，被问者回答的是什么吗？

482．巧妙约会

中级　　难度星级：☆☆★★★　　知识点：博弈思维

"逻辑博士"的女儿长得漂亮，又有才华，很多小伙子都对她动心了。不过，她生性羞怯，如果直截了当地请她吃饭，可能会遭到谢绝。但是，她毕竟是"逻辑博士"的女儿，对逻辑推理很感兴趣。

一个逻辑爱好者想追求这位女孩，经过思索，他想起了哈佛大学的数学家吉尔比·贝克的锦囊妙计，顿时心花怒放，喜上眉梢。

于是他对"逻辑博士"的女儿说："您好，我有两个问题要问您，而且只能回答'是'或'不是'，不准用其他语句。但在正式提问以前，我要和您预先讲好，您一定要听清楚之后再回答，而且两个问题的答案在逻辑上必须是完全合理的，不能自相矛盾。"

女孩子略微思考了一下，感到非常有趣，于是，她爽快地说："好吧！那就请您发问吧！"

请问：如果你是这个男孩子，你该怎样提问，才能达到请这位女孩吃饭的目的呢？

483．向双胞胎问话

中级　　难度星级：☆☆★★★　　知识点：博弈思维

有个人家有一对双胞胎小孩，哥哥是好孩子，所有的话都是真话，弟弟是个坏孩子，只说谎话。两个小孩的父亲有个同事，知道两个孩子的秉性。有一次这个人打电话到他家，想知道他们的父母到底在不在家。你能让这个人问一个问题就知道他们的父母是在家还是出门了吗？即使电话里听不出来接电话的是哥哥还是弟弟。

第十二章

简化思维法

简化思维又叫求易思维，就是剪去枝蔓，使复杂问题简单化。大多数情况下，简单化并没有错，不但不应否定，而且还值得充分肯定，因为这是最行之有效的一种思维方法。

从这个意义上说，人们能够将日常纷繁庞杂的现象和事物抽象化、简单化，概括成几句话或者几个字，既是一种方法，也是一种本领。

为什么简单化是一种行之有效的好方法呢？这是由人们日常认知和实践行为的简单化决定的。人的大脑精妙无比，可以储存细微复杂的海量信息。但是我们日常行动所需要的，或者说我们的大脑平时所遵从的，却只是简单明白的几个甚至一两个指令。这就需要对复杂信息进行加工处理，概括提炼，将其简单化为一两个明白清楚、可以立即判断遵从的信息。

484. 作家

中级　　难度星级：☆☆☆★★　　知识点：独立核算

有个作家把自己的文章卖给第一个出版商甲，卖了9000元。由于这篇文章的商业价值不足，甲又把文章卖回给作家，只收了8000元。后来有出版商乙看上了这篇文章，花10000元买了去。还没等出版，乙倒闭，甲重新以8000元的价格从乙手里买了去，

并出版，获得经济收益 5 万元。请问在这个过程中，作家赚了多少钱？（不计写文章的成本）

485. 写数字

初级　　难度星级：☆☆☆☆★　　知识点：数数字

如果用毛笔写数字，每写一个数字（0、1、2、3、4、5、6、7、8、9 共 10 个）需蘸一次墨水，那么要把 97 ～ 105 的所有数连续写出，共需蘸多少次墨水？

486. 入学考试

中级　　难度星级：☆☆☆★★　　知识点：倍数

某个著名高校的入学考试规则如下：考生在 3 天内做无限道选择题，答对一题得 6 分，答错一题扣 3 分。小明参加了考试，别人问他成绩时，他说："我的成绩是下面几个中的一个——30 分、12190 分、5246 分、121 分、9998 分。"

你能猜猜他到底得了多少分吗？

487. 汽车相遇

中级　　难度星级：☆☆☆★★　　知识点：简化思维

某小镇车队有 17 辆小公共汽车，每天在相距 197 千米的青山与绿水两个小镇之间往返运客。每辆车到达小镇后司机都要休息 8 分钟。司机小王上午 10 点 20 分开车从青山镇出发，在途中不时地遇到（有时是迎面驶来，有时是互相超越）一辆本车队的车。下午 1 点 55 分他到达绿水镇，休息时发现本队的其他司机一个都不在。没有同伴可以聊天，小王就静静地回忆刚才在路上遇到的本车队的那些人。

问：小王一共遇到了本车队的几辆车？

488. 穿越

中级　　难度星级：☆☆☆★★　　知识点：公元纪年

有一个人穿越到公元前 10 年 3 月 15 日，在那个时代生活到公元 10 年 3 月 14 日，回到了现在。请问：这个人是在穿越的第几个年头回来的？

489. 丢手绢游戏

中级　　难度星级：☆☆☆★★　　知识点：交叉

幼儿园的阿姨组织孩子们玩丢手绢游戏，所有的小朋友们都在一起围成一个大圈。这时老师发现，虽然这些孩子有男有女，但是他们却有一个规律，就是每个小朋友都与两个性别相同的人相邻。如果这个游戏中一共有 12 个女孩参加，那么，你能算出一共有多少人参加这个游戏吗？

490. 有问题的钟

高级　　难度星级：☆★★★★　　知识点：钟表

从前有一位老钟表匠，为火车站修理一只大钟。由于年老眼花，他不小心把长短针装反了。修完的时候是上午 6 点，他把短针指在"6"上，长针指在"12"上，钟表匠就回家去了。人们看这钟一会儿 7 点，过了不一会儿就 8 点了，都很奇怪，立刻去找老钟表匠。等老钟表匠赶到，已经是下午 7 点多钟。他掏出怀表一对，钟准确无误，怀疑大家是有意捉弄他，一生气就回去了。这钟还是 8 点、9 点地跑，人们又去找钟表匠。这时老钟表匠已经休息了，于是第二天早晨 8 点多赶过去用怀表一对，时间仍旧准确无误。请你想一想，老钟表匠第一次对表的时候是 7 点几分？第二次对表又是 8 点几分？

491. 赛跑比赛

中级　　难度星级：☆☆★★★　　知识点：百分比

小狗、小兔子、小马和小山羊在进行百米赛跑。当小狗和小兔子比赛时，小狗跑到终点，小兔子还差 10 米到终点；当小兔子和小马比赛时，小兔子到终点，小马还差 10 米；当小马和小山羊跑时，小山羊跑到终点，小马还差 5 米；那么现在小狗和小山羊比赛，谁先到终点，落后的还差几米到终点？

492. 号码

中级　　难度星级：☆☆☆★★　　知识点：数字的特点

学校举行运动会，班长正在发号码，他叫："1034 号。"号码是 1034 号的同学就会到讲台上拿自己的号码，并挂到衣服上。一切进行得都很顺利，只是其中的一个号码没有人领。发到最后班长又叫了一遍还是没有人认领，这时小杜突然醒悟说："我的号码还没有给我，对了，你把我的号码拿倒了，所以念错了。"班长哈哈笑道说："可不是，这样比原来的号码要多 7785 了。"你知道小杜运动服上的号码应该是多少吗？

493. 细胞分裂

中级　　难度星级：☆☆★★★　　知识点：倍数

大多数生命最开始就是一个受精卵——单细胞。通过不停进行细胞分裂形成胚胎，我们身体内的器官也一样。假如有一种动物的肝脏是从单个细胞分裂出来的，开始时是一个细胞，1 小时后分裂成 2 个，再过一小时变成 4 个……等到 100 小时后，形成完整的肝脏。

问：其他条件都一样的另一种动物，从两个细胞分裂出肝脏，需要多长时间？

494. 考试分数

中级　　难度星级：☆☆☆★★　　知识点：数位

将甲的考试分数位置对调一下，就是乙的考试分数；丙的考试分数的两倍是甲与乙两人分数的差；而乙的分数是丙的分数的10倍。你知道3个人的考试分数各是多少吗？

495. 分配金币

中级　　难度星级：☆☆★★★　　知识点：拆分

12个工人挣到了100个金币，于是他们商量分配方法，要求：每个人分到的金币数目中必须有一个"4"。该怎么分呢？

496. 指针的角度

中级　　难度星级：☆☆☆★★　　知识点：钟表

经过7小时15分钟，时钟的时针与分针各转了多少度？

497. 计算损失

中级　　难度星级：☆☆★★★　　知识点：简化思维

一个卖衣服的商人，某件衣服的进价是60元，他标的售价为80元，购买者讲价后，他同意以9折的价格卖出。后来发现购买者支付的那张100元是假钞。商人大悲。现在请你帮那个倒霉的商人算算，他在这件衣服上共损失多少钱？

498. 苹果和梨

中级　　难度星级：☆☆☆★★　　知识点：数字的特点

水果摊上剩下了几个苹果和梨。已知用苹果的个数乘以梨的个数，再把这个乘积放在镜子里照一下，得到的数正好是苹果和梨的个数的总和。请问苹果和梨各有多少个？

499. 灯的组合

中级　　难度星级：☆☆☆★★　　知识点：假设法鸡兔同笼

一户人家装修，共买了两种灯，一种是中间一个大灯，旁边3个小灯的三星映月灯，另一种是中间一个大灯，旁边6个小灯的六星拱月灯。装修完毕后发现，两种灯共用掉大灯泡16个，小灯泡66个。你知道他家一共有多少个三星映月灯，多少个六星拱月灯吗？

500. 平均分

中级　　难度星级：☆☆★★★　　知识点：假设法

小明一个学期9次考试的平均分是80分，那么他第10次考试需要考多少分，才能使10次考试的平均分为81分？

501. 吹牛

中级　　难度星级：☆☆☆★★　　知识点：简化思维

有一群人在聊天，一个人总是喜欢吹牛，他说："我昨天刚发明了一种液体，无论是什么东西，它都可以溶解。这是世界上最好的溶剂，我明天就去申请专利，我很快就要发财了。"别的人感到很惊讶，虽然不信，但是不知道如何反驳。这时一个小孩子说了一句话，那个人立刻不说话了，谎言不攻自破。你知道这个小孩是怎么说的吗？

502. 天机不可泄露

中级　　难度星级：☆☆☆★★　　知识点：一词多义

从前，有3个秀才进京赶考，途中遇到一个人称"活神仙"的算命先生，便前去求教："我们此番能考中几个？"

算命先生闭上眼睛掐算了一会儿，然后竖起一根指头。

3个秀才不明白是什么意思，请求算命先生说清楚一点。

算命先生说："天机不可泄露，以后你们自会明白。"

后来3个秀才只考中了一个，那人特来酬谢，一见面就夸奖说："先生料事如神，果然名不虚传。"还学着当初算命先生那样竖起一根指头说："确实'只中一个'。"

秀才走后，算命先生的老婆问他："你怎么算得这么灵呢？"

算命先生嘿嘿一笑说："你不懂其中的奥妙，无论结果如何我都能猜对。"

你知道这是为什么吗？

503. 岳母的刁难

中级　　难度星级：☆☆☆★★　　知识点：定义

小董去女友家看望未来的岳母，准岳母对这个女婿很满意，但想难为他一下，就对他说："我女儿夸你很聪明，如果你能说出青海湖共有几桶水，我就不要彩礼把女儿嫁给你；否则，我就要再考虑考虑了。"小董女友听了妈妈的话，很为小董捏一把汗，这个问题可不好回答。但是小董眨眨眼睛很快说出了一个让准岳母满意的答案。

你知道小董是怎么回答的吗？

504. 说谎国与老实国

中级　　难度星级：☆☆★★★　　知识点：真话假话

传说古代有一个"说谎国"和一个"老实国"。老实国的人总说真话，而说谎国的人只说假话。

有一天，两个说谎国的人混在老实国人中间，想偷偷进入老实国。

他们俩和一个老实国的人进城的时候，哨兵盘问他们3个人："你们是哪个国家的人？"

甲回答说："我是老实国人。"

乙的声音很轻，哨兵没有听清楚，于是指着乙问丙："他说他是哪一国人，你又是哪一国人？"

丙回答道："他说他是老实国人，我也是老实国人。"

哨兵知道3个人中间只有一个是老实国的人，可不知道是谁。面对这样的回答，哨兵应该如何做出分析呢？

505. 免费的午餐

中级　　难度星级：☆★★★　　知识点：偷换概念

棕熊开了一家餐馆，这个餐馆有一个特点，所有的菜价格都是相同的。一天中午，猴子来吃饭。

猴子先要了一份麻婆豆腐，可菜一端上来，猴子一看就说："太辣了，怎么吃呀，给我换一个吧。"换了一份热气腾腾的蘑菇炖面，猴子又说："太烫了，再换一份。"换上了一盘松仁玉米，猴子一尝，真甜，于是眉开眼笑，很快吃完了。

猴子吃完，拍拍屁股想走，棕熊追过来说："您还没付钱呢！"

猴子说："我付什么钱呀？"

棕熊说："您吃饭不需要付钱呀！"

"可我吃的松仁玉米是用蘑菇炖面换的呀。"

"您吃蘑菇炖面也要付钱呀。"

"可我的蘑菇炖面是用麻婆豆腐换的呀。"

"那麻婆豆腐也要付钱呀。"

"麻婆豆腐我没吃，给退了，付什么钱呢？"

棕熊挠挠头，好像是这么回事，于是让猴子走了。

请问这到底是怎么回事，吃了东西不用付钱吗？

506. 探险家的位置

中级　　难度星级：☆☆★★★　　知识点：多种答案

有位探险家在一个地方插了一杆旗，然后他从这杆旗出发往南走 100 米，再往东走 100 米，这时他发现那杆旗在他的正北方。请问这位探险家把旗插在了这个地方的哪个位置？

507. 转了多少圈

中级   难度星级：☆☆★★★   知识点：运动

古时候，人们曾用圆木做的滚车移动重物。两根相同的圆木并排放在一起，上面放上石块，向前滚动。如果圆木的周长是 1 米。那么重物前进 16 米，圆木会滚动多少圈？如果换成汽车呢？汽车轮胎周长 1 米，如果汽车向前走 16 米，轮胎滚动多少圈？

508. 巧放棋子

中级   难度星级：☆☆☆★★   知识点：立体思维

如果有 3 颗棋子，怎么放才能让每两颗棋子之间的距离相等？如果是 4 颗棋子呢？如何放能让 4 颗棋子中每两颗棋子的距离都相等。

509. 沙漏的悖论

高级   难度星级：☆★★★★   知识点：物理知识

一个密封的小沙漏浮在一个装满水的密封小圆柱中。令人惊讶的是，把小圆柱颠倒过来后，沙漏并没有立即浮上来。它先沉在底部，直到大部分沙子都漏下后才浮到顶部。

你知道是什么阻碍了沙漏的上浮吗？

510. 环球旅行

中级   难度星级：☆☆☆★★   知识点：概念

经常听说有人环球旅行。可是，在地球上怎样才算"环球"呢？

大家都很茫然，主要是弄不清"环球旅行"的定义。现在我们假设：只要是跨过地球上所有的经度线和纬度线，就可以算环球旅行。那么请问，在这样的假设下，环球旅行的最短路程大概是多少千米？不过，解这个题时，为了简化，可以把地球看作是一个正圆球，赤道周长是 4 万千米。

511. 啤酒够不够

中级　　难度星级：☆☆★★★　　知识点：简化思维

刘丽和丈夫在外面吃饭，从饭店要了一瓶啤酒（里面的啤酒不超过瓶肩的位置）。饭店老板对她说："我们觉得这次进的啤酒瓶子好像比以前小，但是只有一把尺子，也测不出来现在容积到底是多少毫升的，你要是能在不打开或不损坏瓶子的情况下测出瓶子的容积，这次的酒钱就免单了。"（瓶子本身的厚度忽略不计）

你要是刘丽的话，怎样获得免单机会呢？

512. 移动玻璃杯

中级　　难度星级：☆☆☆★★　　知识点：发散思维

小明的妈妈是化学老师。一天，小明来到实验室做作业。做完后想出去玩。这时小明的妈妈叫住他："等等，妈妈还要考你一个题目，"她接着说，"你看这有 6 只用来做试验的玻璃杯，前面 3 只盛满了水，后面 3 只是空的。你能只动 1 只玻璃杯，就使盛满水的玻璃杯和空玻璃杯间隔起来吗？"爱动脑筋的小明是学校里有名的"小机灵"，他只想一会儿就做到了。你知道他是怎样做的吗？

513. 莫比乌斯带

中级　　难度星级：☆☆☆★★　　知识点：莫比乌斯带

一条纸带应该有两面。如果把纸带一头旋转一下和另一头粘在一起，就形成了一个纸圈。你能把这个纸圈一面涂成红色的，一面涂成绿色的吗？

514. 切西瓜

中级　　　难度星级：☆☆★★★　　　知识点：切割

瓜农在卖西瓜的时候，把西瓜切 4 刀，最多能把西瓜切成多少块？

515. 奇怪的不等式

中级　　　难度星级：☆☆★★★　　　知识点：脑筋急转弯

这是一个很奇怪的不等式，0>2，2>5，5>0。它在什么情况下存在？

516. 解救女儿

中级　　　难度星级：☆☆☆★★　　　知识点：脑筋急转弯

又到了一年收租子的时候了，由于水灾，长工老牛家今年麦子歉收，拿不出麦子交租，便向地主求情。地主说："如果我就这么放了你，别人都不给我交租，那我岂不是没有任何办法了？你把你的女儿卖给我抵今年的租子吧。"老牛很爱自己的女儿，誓死不肯把女儿抵给地主，就说："如果这样，不如杀了我。"地主说："那我给你出道题，你能答出来，就推迟你一年时间交租子。我这里有两个水缸，每个水缸能装 7 桶水，左边这个已经装满了，右边的那个只装了 4 桶水。拿着这个水桶，只准你用一次，在不搬动水缸的情况下，让左边的水缸里的水比右面水缸里的水多。你要是做不到就让你女儿来我家做工吧，也别说我没有给你机会。"别的长工听到这个题目都觉得老牛这下完蛋了，因为谁都知道，如果只允许用水桶舀一次的话，那么两个水缸里的水将是 7-1=6 和 4+1=5。后者怎么可能比前者多呢。

老牛一筹莫展的时候，老牛媳妇儿想出了一条妙计。地主不得不放过老牛的女儿。你知道她是怎么做到的吗？

517. 摆放镜子

中级　　难度星级：☆☆☆★★　　知识点：脑筋急转弯

有 3 个人，一个人脸朝向东，一个人脸朝向西，一个人脸朝向北，请问至少需要几面镜子，才能使这 3 个人相互看得见对方？这些镜子应该怎么摆放？

518. 巧分大米和小麦

高级　　难度星级：☆★★★★　　知识点：翻转

王阿姨去市场买了 10 斤大米，又替张奶奶买了 10 斤小麦。但是由于只带了一个布袋，所以她将小麦放在了布袋里，然后扎紧，又将大米装在了上边。她准备回家以后把大米倒出来，然后用布袋把张奶奶的小麦送过去。可是就在王阿姨回家的路上，正好遇到了拿着布袋的张奶奶。

请问：在没有任何其他容器的情况下，怎样才能把各自的粮食装到自己的布袋里？

519. 时间

中级　　难度星级：☆☆☆★★　　知识点：截面

在干旱地区非常缺水，人们都用水桶接雨水用。没风的时候，雨点竖直落下，用 30 分钟可以接满一桶水。一次下雨时，刮起了大风，雨水下落时偏斜 30°。如果这次雨量的大小不变，那么需要多长时间可以接满一桶水呢？

520. 机智的老板

中级　　难度星级：☆☆☆★★　　知识点：机智应对

有3个小偷，偷了一颗价值连城的钻石，他们在如何保管赃物的问题上达成协议："在钻石未兑成现款之前，由3个人一起保管，须3个人同时同意方可取出钻石。"一天，他们来到浴室洗澡，便把装钻石的盒子交给老板，并吩咐：要在3个人同时在场时，方可交回盒子。在洗澡时，丙提出向老板借把梳子，并问甲、乙是否需要，二人都说："需要。"于是丙到老板那里，向老板索取盒子，老板拒绝了。丙向老板解释，是另外二人要他来取的，并大声对甲、乙喊："是你们要我来取的吧？"甲、乙还以为是梳子一事，就随口应道："是的。"老板听后无话可说，便把盒子交给丙。丙带着盒子逃走了。甲、乙二人等了好久不见丙回来，感到事情不妙，忙来到老板处取盒子，发现已被丙骗走了，于是揪住老板要求赔偿。老板说是征得你们二人同意的，二人坚持说丙问的是梳子，并且3个人也没同时在场。甲、乙非要老板交回盒子，正僵持不下，老板灵机一动，说了一句话，二人听了，只得垂头丧气地走了。

你知道老板究竟说了句什么话吗？

521. 立鸡蛋

中级　　难度星级：☆☆☆★★　　知识点：机智应对

1492年，哥伦布发现了新大陆。从海上回来，他成了西班牙人民心目中的英雄。国王和王后也把他当作上宾，封他为海军上将。可是有些贵族瞧不起他，他们用鼻子一哼，说："哼，这有什么稀罕的？只要坐船出海，谁都会到那块陆地的。"

在一次宴会上，哥伦布又听见有人在讥笑他："上帝创造世界的时候，不是就创造了海西边的那块陆地了吗？发现？哼，又算得了什么！"

哥伦布听了，沉默了好一会儿，忽然从盘子里拿个鸡蛋，站了起来，提出一个古怪的问题："女士们，先生们，谁能把这个鸡蛋竖起来？"

鸡蛋从这个人手上传到那个人手上，大家都把鸡蛋扶直了，可是一放手，鸡蛋立刻倒了。最后，鸡蛋回到哥伦布手上，满屋子鸦雀无声，大家都要看他怎样把鸡蛋竖起来。

只见哥伦布不慌不忙，一下子就把鸡蛋竖起来了。

你知道他是怎么做到的吗？

522. 入睡与醒来

中级　　难度星级：☆☆☆★★　　知识点：简化思维

有一个问题一直困扰着我，一个人从出生到现在，究竟是入睡的次数多呢，还是醒来的次数多？又多了多少呢？

523. 牧童的计谋

中级　　难度星级：☆☆★★★　　知识点：承重

有一个农夫，自己想要盖一座房子，就到远处拉石料，他赶了一辆牛车。他知道自己的重量是150斤，这头牛大概有800斤，车子有100斤，路上要经过一座桥梁，桥头立着一块石碑，石碑上醒目地写着这座桥的最大载重量是1300斤，去的时候他并没有在意，虽然车子经过时，桥有点儿颤颤巍巍的。回程时，他拉了500斤的石料，走到桥头，却犯了难，如果就这样过桥的话，桥一定会被压塌。到底怎么办呢？就在他一筹莫展的时候，过路的一个牧童给他出了个主意。按照牧童的想法，牛车竟然很快过了这座桥，石料也安全地运到了家。

请问，牧童是如何使牛车和石料顺利通过桥梁的呢？

524. 如何通过

中级　　难度星级：☆☆☆★★　　知识点：机智应对

（1）一艘船顺水而下，在要通过一个桥洞时，发现货物比桥洞高出约1厘米，需要卸掉一些货物才能通过。无奈货物是整装的，一时无法卸下。有什么办法能够不卸货物，使船通过呢？

（2）有辆卡车，堆装着很高的货物，当要通过一处铁路桥时，发现货物高出桥洞1厘米，卡车无法通过。货物卸下重装很费事，你给想想办法，应该怎样才能顺利通过呢？

525. 灯泡的容积

中级　　难度星级：☆☆☆★★　　知识点：简化思维

发明家爱迪生曾经有个名叫阿普顿的助手，他毕业于普林斯顿大学数学系，又在德国深造了一年，自以为天资聪明，头脑灵活，甚至觉得比爱迪生还强很多，处处卖弄自己的学问。

有一次，爱迪生把一只梨形的玻璃灯泡交给了阿普顿，请他算算容积是多少。阿普顿拿着那个玻璃灯泡，轻蔑地一笑，心想："想用这个难住我，也太小看我了！"

他拿出尺子上上下下量了又量，还依照灯泡的式样画了一张草图，列出一道道算式，数字、符号写了一大堆。他算得非常认真，脸上都渗出了细细的汗珠。

过了一个多小时，爱迪生问他算好了没有。他边擦汗边说："办法有了，已经算了一半多了。"

爱迪生走过来一看，在阿普顿面前放着许多草稿纸，上面写满了密密麻麻的算式。爱迪生微笑着说："何必这么复杂呢？还是换个别的方法吧。"

阿普顿仍然固执地说："不用换，我这个方法是最好最简便的。"

又过了一个多小时，阿普顿还低着头列算式。爱迪生有些不耐烦了，马上用一个非常简单的办法就做到了。你知道他是怎么做的吗？

526. 最简单的方法往往最有效

中级　　难度星级：☆☆☆★★　　知识点：简化思维

传说在古罗马时代，一位预言家在一座城市内设下了一个奇特难解的结，并且预言："将来解开这个结的人必定是亚细亚的统治者。"这个结引来了许多人，大家都想打开这个结，以表明自己的实力可以统治亚细亚。但是，这个被称为戈尔迪的结长久以来却无人能解开。

当时身为马其顿将军的亚历山大也听说了有关这个结的预言，于是专门跑到这个城市，想去打开这个结。

但是，亚历山大用尽了各种方法都无法打开这个结。最后，他用了一个最简单的办法就把结打开了。你知道他是如何做的吗？

527. 卢浮宫失火

中级　　难度星级：☆☆☆★★　　知识点：简化思维

法国一家报纸曾经刊登过这样一个问题："如果法国最大的博物馆卢浮宫失火了，情况非常紧急，你只能抢救出一幅画，你会抢救哪一幅？"

如果是你，你会怎么回答这一问题呢？

第十三章

系统思维法

系统思维，就是根据对象的特征，从整体出发，着眼于系统的整体与部分、部分与部分、系统与环境的相互联系和相互作用关系，采用系统分析方法，以期获得系统目标最优化。

系统思维能极大地简化人们对事物的认知，给我们带来整体观。

系统思维法的基本类型如下。

1. 整体法

是在分析和处理问题的过程中，始终从整体来考虑，把整体放在第一位，而不是让任何部分的东西凌驾于整体之上。

2. 结构法

进行系统思维时，注意系统内部结构的合理性。系统由各部分组成，部分与部分之间组合是否合理，对系统有很大影响。

3. 要素法

每一个系统都由各种各样的因素构成，其中相对具有重要意义的因素称之为构成要素。要使整个系统正常运转并发挥最好的作用或处于最佳状态，必须对各要素考察周全和充分，充分发挥各要素的作用。

4. 功能法

为了使一个系统呈现出最佳态势，需要从大局出发来调整或改变系统内部各部分的功能与作用。在此过程中，可能是使所有部分都向更好的方面改变，从而使系统状态更佳；也可能为了求得系统的全局利益，以降低系统某部分的功能为代价。

528. 散落的书页

中级　　难度星级：☆☆★★★　　知识点：页码排列

小红的一本书散开了，发现其中一张左边是第 8 页，右边是第 205 页。根据这个，你能否说出这本书有多少页？

529. 7 珠项链

中级　　难度星级：☆☆☆★★　　知识点：排列组合

小明有 7 颗珠子，其中 5 颗是相同的红色珠子，2 颗是相同的绿色珠子，他想给女朋友小丽做成一条 7 珠项链。问可以做出几种不同搭配的项链来？

530. 马车运菜

高级　　难度星级：☆★★★★　　知识点：最大化与最小化

一个城镇在沙漠的中间，人们必须每天到沙漠外面去买蔬菜吃。一个人赶着马车到 1000 千米外的地方去买菜，一天他买到 3000 千克蔬菜。但是自己的马车一次只能装 1000 千克的货物。而且由于路途遥远，马每走 1 千米要吃掉 1 千克菜。问：这个人最多可以运回多少菜？

531. 轮胎

中级　　难度星级：☆☆☆★★　　知识点：计算

滕先生买了辆车，除了随车的备胎外，4S 店还多赠送了一个轮胎，就是说他一共有 6 个轮胎。为了让这 6 个轮胎的磨损程度相同，他轮流使用这 6 个轮胎。那么你知道在车跑了 12000 千米的时候，每个轮胎行了多少千米吗？

532. 哪桶是啤酒

中级　　难度星级：☆☆★★★　　知识点：整体法

一位酒商有 6 桶酒，容量分别为 30 升、32 升、36 升、38 升、40 升、62 升。其中 5 桶装着葡萄酒，一桶装着啤酒。第一位顾客买走了两桶葡萄酒；第二位顾客所买的葡萄酒则是第一位顾客的两倍。请问，哪一个桶里装着啤酒？（酒是要整桶出售的）

533. 思维算式

中级　　难度星级：☆☆☆★★　　知识点：整体法

老师在黑板上写了 1～9 共 9 个阿拉伯数字，要求用这 9 个数字组成 3 个算式，每个数字只能用一次，而且只允许用加号和乘号。你能列出来吗？

534. 曹操的难题

中级　　难度星级：☆☆☆★★　　知识点：整体法

官渡之战，曹操和袁绍对峙数月，曹操的粮草渐渐不支。依照曹军 20 万人计算，这些粮草可以支撑 7 天。第二天张辽带着大批人马来援助曹操，两队人马合在一起，曹操一算，现在的粮草还能支撑 5 天。

那你知道张辽带来了多少人吗？

535. 调时间

中级　　难度星级：☆☆★★★　　知识点：整体法

一名猎人常年住在山里，家里只有一个挂钟可以看时间。一天早上他起床时发现挂钟停了，于是他把挂钟调到 7 点 10 分后，就下山去市集卖猎物去了。当路上经过火车站时，他看到墙上的大钟显示是 8 点 50 分。他卖完猎物又以原来的速度原路返回，在经过火车站时又看了一眼大钟，是 10 点 20 分。到家以后，他发现家里挂钟显示时间为 11 点 50 分。

请问：此时猎人该把挂钟调到几点？

536. 哪个士兵说了谎

中级　　难度星级：☆☆☆★★　　知识点：数字组合

部队举行打靶比赛。靶纸上的 1、3、5、7、9 表示该靶区的分数。甲、乙、丙、丁这 4 位士兵各射击了 6 次，每次都中了靶。

比赛完之后他们这样说。

甲说："我只得了 8 分。"

乙说："我共得了 56 分。"

丙说："我共得了 28 分。"

丁说："我共得了 27 分。"

请想一想，他们所讲的分数可能吗？如果可能的话，请说出他们每次打靶的得分数；如果不可能的话，猜一猜哪个士兵说了谎？

537. 九宫格求和

中级　　难度星级：☆☆☆★★　　知识点：整体法

将 1～9 这 9 个数字排列在一个 3×3 的方格中，使得最上面一行构成的 3 位数加上第二行的 3 位数，等于第三行的 3 位数。你能找出几组这样的式子呢？

538. 蠕虫的旅程

中级　　难度星级：☆☆★★★　　知识点：路径

一条蠕虫只会沿着 2 厘米 ×2 厘米 ×3 厘米的盒子边缘缓慢爬行。如果不能走已经走过的路，这条蠕虫最长能爬多少厘米？

539. 选数字

中级　难度星级：☆☆☆★★　知识点：整体法

老师让甲、乙、丙、丁这4名同学分别从数字1～9中选出两个数字，他们之间选择的数字不能有重复；而且要求甲选的两个数字之和必须是10，乙选择的两个数字之差必须是1，丙选择的两个数字之积是24，丁选择的两个数字之商是3。

你知道这4个人分别选择了哪两个数字吗？最后剩下的那个数字又是几呢？

540. 取黑白球

高级　难度星级：☆★★★★　知识点：概率

甲盒放有P个白球和Q个黑球，乙盒中放有足够的黑球。现每次从甲盒中任取两个球放在外面。当被取出的两球同色时，需再从乙盒中取一个黑球放回甲盒；当取出的两球异色时，将取出的白球再放回甲盒。最后，甲盒中只剩两个球，问剩下一黑一白的概率有多大？

541. 2009和2010

中级　难度星级：☆☆☆★★　知识点：整体法

将1～9这9个数字填入下面的括号中，使等式成立，并且每个括号只能填一个数字，每个数字在一个式子中只能出现一次。

（　）（　）（　）×（　）+（　）（　）×（　）+（　）+（　）=2009；

（　）（　）（　）×（　）+（　）（　）×（　）+（　）×（　）=2010。

542. 3个等式

中级　难度星级：☆☆☆★★　知识点：整体法

请分别将1、2、3、4、5、6、7、8、9这9个数字填在下面

3 个算式的 9 个括号内，使等式成立。

（   ）+（   ）=（   ）；

（   ）-（   ）=（   ）；

（   ）×（   ）=（   ）。

543. 买书

中级   难度星级：☆☆★★★   知识点：页码排列

小明从书店买了一本书，共有 200 页。从第 3 页到第 12 页这 10 页上有小明非常喜欢的一个故事，所以小明把它们撕了下来，收藏在自己的故事本中。这样这本书就剩下了 190 页。然后，小明又发现第 88 页到第 107 页这 20 页上也有一个非常精彩的故事，他把这 20 页也撕下来收藏。那么这本书还剩下多少页呢？

544. 默想的数字

中级   难度星级：☆☆☆★★   知识点：计算

一天，爸爸对小明说："你在心里默想一个数字，然后把这个数字减去 3，再把结果乘以 2，然后再加上你默想的这个数字。你把结果告诉我，我就能知道你想的数是多少。"你知道其中的秘密在哪里吗？

545. 孩子的零用钱

中级   难度星级：☆☆☆★★   知识点：重复关系

一天，两个爸爸分别给自己的儿子零用钱。其中一个爸爸给了儿子 2000 元，另一个爸爸给了儿子 1000 元。但是，这两个儿子把钱放在一起的时候，却发现一共只有 2000 元钱。请问这是为什么呢？

546. 猜纸片

高级　　难度星级：☆★★★★　　知识点：概率

有一个人喜欢玩猜纸片，规则是这样的，他拿出3张完全相同的纸片，在每张纸片的正反两面分别画上√、√；×、×；√、×。然后他把这3张纸片交给一个参与者，参与者偷偷选出一张，放在桌上。他只要看一眼朝上那面，就可以猜出朝下的是什么标记。如果猜对了，就请对方给他100元；猜错了，他给对方100元。

纸片上√和×各占总数的一半，也没有其他任何记号，应该对双方都是公平的。你觉得他有优势吗？

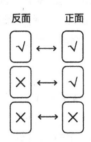

547. 走独木桥

中级　　难度星级：☆☆☆★★　　知识点：制约关系

一个人带着一只狗、一只猫和一筐鱼过独木桥，由于狗和猫不敢过，他得抱着它们过去。为了自身的安全，一次只能带一样东西过桥。但是当人不在的时候，狗会咬猫、猫会吃鱼。请问这个人要怎样做才能把这3种动物都带过河？

548. 过河

高级　　难度星级：☆★★★★　　知识点：制约关系

两个女儿，两个儿子，一个爸爸，一个妈妈，一个警察，一个罪犯。他们要过一条河，河上只有一条小船，小船每次只能乘坐两个人，其中只有爸爸、妈妈和警察会划船。

而且当妈妈不在的时候，爸爸会打女儿；爸爸不在的时候，妈妈会打儿子；而罪犯只要警察不在谁都会打。

问：他们要怎样才能安全过河？

549. 狼、牛齐过河

中级　　难度星级：☆☆★★★　　知识点：制约关系

前提：在河的任何一岸，只要狼的个数超过牛的个数，那么牛就会被狼杀死吃掉；而狼的个数等于或者少于牛的个数，则没事。现在有 3 匹狼和 3 头牛要过河，只有一条船！一次只能搭载两个动物过河！如何才能让所有动物都安全过河？

550. 动物过河

中级　　难度星级：☆★★★★　　知识点：制约关系

大老虎、小老虎、大狮子、小狮子、大狗熊、小狗熊要过一条河，其中任何一种小动物少了自己同类大动物的保护，都会被别的大动物吃掉。6 个动物之中，只有大老虎、小老虎、大狮子、大狗熊会划船，可现在只有一条船，一次准坐 2 个，怎么样才能保证 6 个动物顺利到达彼岸而不被吃掉？

551. 小魔术

高级　　难度星级：☆★★★★　　知识点：整体法

这是一个小魔术，由两个人配合与一名观众一起表演：一副扑克去掉大、小王，余 52 张。由观众随机抽 5 张牌给魔术师助手，助手看完牌后选了 1 张牌扣在桌面上，并把另外 4 张牌按某种顺序排成 1 排。观众按顺序将 4 张牌的花色和点数说给魔术师听。魔术师听完后准确无误地说出了开始扣在桌上那张牌是什么。当然，魔术师和助手在之前讨论过方案。另外，助手在整个过程中不能以任何其他方式将信息透露给魔术师。请问魔术师的策略是什么？

552. 跳跃魔术

中级　　难度星级：☆☆★★★　　知识点：概率

如果你的朋友告诉你，他今天要跟你打个赌：他首先把一副扑克牌洗好，把除了两个王以外的 52 张牌依次扣在桌面上，然后他把第二张牌翻开，是方块 5，他向前数 5 张牌，翻开后，是梅花 4，然后又向前数了 4 张牌，依此类推，每一次翻开的牌上面的数字是几，就向前走几步（J，Q，K 按 1 算）……最后，当翻开红桃 5 时，已经接近牌的末尾，无法再向前数了。

接着，他把除了最后翻开的红桃 5 以外的所有牌都翻回去。然后他说："你可以从第一张牌到第十张牌任意选一张开始，重复我的过程，如果你最后的一张牌也停在红桃 5，那么你就输了；如果你最后一张不是红桃 5，我就输了。"你敢跟你的朋友打这个赌吗？

553. 猜牌术

中级　　难度星级：☆☆★★★　　知识点：整体法

表演者将一副牌交给观众，然后背过脸去，请观众按他的口令去做。

1. 在桌上摆 3 堆牌，每堆牌的张数要相等（假如是 15 张），但是不要告诉表演者。

2. 从第 2 堆牌中拿出 4 张牌放到第 1 堆里。

3. 从第 3 堆牌中拿出 8 张牌放到第 1 堆里。

4. 数一下第 2 堆还有多少牌，（本例中还有 11 张牌），从第 1 堆牌中取出与第 2 堆相同数的牌放在第 3 堆。

5. 从第 2 堆中拿出 5 张牌放在第 1 堆中。

表演者转过脸来，说："把第 2 堆牌、第 3 堆牌拿开，那么第 1 堆中还有 21 张，对不对？"观众数了一下，果然还有 21 张。

这其中有什么奥秘呢？

554. 找出重球

中级　　难度星级：☆☆★★★　　知识点：区分

一个钢球厂生产钢球，其中一批货物中出现了一点儿差错，使得 8 个球中，有一个略微重一些。找出这个重球的唯一方法是将两个球放在天平上对比。请问最少要称多少次才能找出这个较重的球？

555. 火灾救生器

高级　　难度星级：☆★★★★　　知识点：条件制约

美国有一种火灾救生器，其实就是在滑轮两边用绳索吊着两个大篮子。把一个篮子放下去的时候，另一个篮子就会升上来，如果在其中的一个篮子里放一件东西作为平衡物，则另一个较重的物体就可以放在另外的篮子里往下送。假如一只篮子空着，另一只篮子里放的东西不超过 30 斤，则下降时可保证安全。假如两只篮子里都放着重物，则它们的重量之差也不得超过 30 斤。

一天夜里，吉姆的家里突然发生火灾。除了重 90 斤的吉姆和重 210 斤的妻子之外，他还有一个重 30 斤的孩子，和一只重 60 斤的宠物狗。

现在知道每只篮子都足够大，足以装进 3 个人和一只狗，但别的东西都不能放在篮子里。而且狗和孩子如果没有吉姆或他的妻子的帮助，不会自己爬进或爬出篮子。

你能想出好办法尽快使这 3 个人和一只狗安全地从火中逃生吗？

556. 分辨胶囊

高级　　难度星级：★★★★★　　知识点：进制

有 3 种药，都装在一种外表一样的胶囊里，分别重 1g、2g、3g。现在有很多这样的药瓶，单凭药瓶和胶囊的外表是无法区分的，只能通过测量胶囊的重量来加以区分。如果每瓶中的胶囊足够多，我们能只称一次就知道各个瓶子中分别装的是哪类药吗？

如果有 4 种药呢？5 种呢？

如果是共有 n 种药呢（n 为正整数，药的质量各不相同但各种药的质量已知）？你能用最经济简单的方法只称一次就知道每瓶的药是什么吗？

注：称过的药我们就不用了。

557. 统筹安排

中级　　难度星级：☆☆☆★★　　知识点：统筹

小于想在客人来之前做一道煎鱼。

做红烧鱼需要这些步骤：洗鱼要 5 分钟；切生姜片要 2 分钟；拌生姜、酱油、酒等调料要 2 分钟；把锅烧热要 1 分钟；把油烧热要 1 分钟；煎鱼要 10 分钟。这些加起来要 21 分钟，可是客人 20 分钟后就要来了。

这该怎么办呢？

558. 扑克数字游戏

中级　　难度星级：☆☆★★★　　知识点：逻辑推理

小李、小王、小刘、小方、小邓和小周这 6 个人在一起玩扑克牌数字游戏，用的是一副牌中的 2 到 9，共 32 张牌。每人随机摸了 5 张牌，且每人只能看见自己的牌。每人将自己的 5 张牌排列组成一个 5 位数，得到以下结论，请根据这些话判断剩下的两张牌是什么。

小李："无论如何排列，我的数字都可以被 36 整除。"

小王："无论如何排列，我的数字都不可能被从 2 到 9 的所有整数整除。"

小刘："我的 5 张牌是一个顺子，也就是 5 个相邻数字。"

小方："这么说来，咱们 6 个人能够排出的 5 位数中，最大的数和最小的数都在我这儿了。"

小邓："我能够排出来的 5 位数中，最小的可以被 5 整除，最大的可以被 8 整除。"

小周："这样啊！那么除了小方以外的 5 个人能够排出的 5 位数中，最大的数和最小的数都在我这儿了。"

559. 猜扑克牌

中级　　难度星级：☆☆★★★　　知识点：逻辑推理

桌上扣着 8 张已经编号的扑克牌，它们的位置如下图所示。

在这 8 张牌中，只有 K、Q、J 和 A 这 4 种牌。其中至少有一张是 Q，每张 Q 都在两张 K 之间，至少有一张 K 在两张 J 之间。没有一张 J 与 Q 相邻；其中只有一张 A，没有一张 K 与 A 相邻，但至少有一张 K 和另一张 K 相邻。

你能找出这 8 张扑克牌中哪一张是 A 吗？

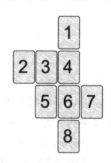

560. 钻石窃贼

中级　　难度星级：☆☆★★★　　知识点：重复利用

神父有一个贵重的十字架，上面镶有很多价值连城的钻石，钻石的排列如下图所示。

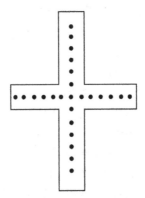

但是神父也不知道十字架上钻石的总数，他每次只是从上面开始数，数到中间那一颗的时候再分别向左、向右、向下继续数，每次都是13颗。有一次，这个十字架出了点儿问题，神父叫修理匠来修一下。这个修理匠很贪财，他知道神父数钻石的方法，于是他偷偷地把钻石拿走了两颗，而神父却没有发现。你知道他是如何做到的吗？

561. 巧接金链

中级　　难度星级：☆☆★★★　　知识点：连接

某首饰店需要一条15环的金链，可是现在只有5截、每截3个环的金链，这5截金链连起来的长度正好是所需要的。不过想把它们连起来就需要切断一些环，而每切断一个环就要损失一些，为了最大程度地避免损失，该怎样切割呢？

562. 没有工作

中级   难度星级：☆☆★★★   知识点：重复计算

小王辛苦工作了一年，到了年底，找老板要年底奖金。老板说："你基本上都在忙自己的事，根本没有为我工作几天，怎么能要奖金呢？"小王不服气，就问老板自己每天都忙什么了。老板给他列了个表：

1. 睡觉（每天8小时），合122天；
2. 双休日2×52=104天；
3. 吃饭（每天3小时），合45天；
4. 娱乐（每天2小时），合30天；
5. 公司年假，15天；
6. 每天中午休息2小时，合31天；
7. 你今年请了5天事假；10天病假。
总计：122+104+45+30+15+31+5+10=362天。

这样，一年中只有3天的时间上班，所以根本没有时间工作。小王看了，觉得这样计算也有道理。实际上，老板做了手脚。你能发现其中的问题吗？

563. 五元？十元？

中级   难度星级：☆☆☆★★   知识点：重复

有一个美国乡村小孩，人家拿出一张5元纸币和一张10元纸币，让他挑，他挑了那张5元纸币。人们都说他笨，纷纷嘲弄他、笑话他。

这事传了出去，很多人都来找他试验，结果还是这样，这事也就传得越来越远了。

过了几十年，这个小孩成了非常有名的人。有记者提起这件事，问他："是不是真的？"

"是真的。"这位名人答。

你知道他为什么要 5 元，而不要 10 元呢？

564. 如何选择

中级　　难度星级：☆☆★★★　　知识点：整体法

在一个雨夜，你驾驶一辆车，经过你熟悉的小镇。你看到有 3 个人在焦急地等车，他们是：医生、女郎和老人。对你而言，医生对你有过救命之恩；而女郎，你对她心慕已久，她也对你有好感，你希望与她相处；最后是老人，他重病在身，需要去医院。此时，公交车已经停开，漆黑的夜不可能有其他车经过，而你的车只能捎带一个人上路。你应该带上他们中的哪一个？

565. 煎鸡蛋的时间

中级　　难度星级：☆☆☆★★　　知识点：整体法

明明家有一个煎鸡蛋的小锅，每次可以同时煎两个鸡蛋，每个鸡蛋必须把正反两面都煎熟。我们已经知道把鸡蛋的一面煎熟需要 2 分钟。有一天，明明和爸爸的对话如下。

爸爸："煎熟一个鸡蛋最短需要几分钟？"

明明："正反面都需要煎熟，所以需要 4 分钟。"

爸爸："煎熟两个鸡蛋呢？"

明明："我们的锅可以同时煎两个，所以还是最少需要 4 分钟。"

爸爸："那 3 个呢？"

明明："8 分钟啊，前 4 分钟煎好前两个，再用 4 分钟煎第三个。"

但是爸爸说不对，可以用更少的时间就能煎好 3 个鸡蛋。你能想明白煎 3 个鸡蛋最少需要几分钟吗？

566. 如何开宾馆门

　　中级　　　难度星级：☆☆★★★　　　知识点：整体法

　　某活动组 12 个人到外地去考察，住了某宾馆的 12 个房间，已知每个房间有两把钥匙。由于工作关系，大家都是单独行动的，但是这 12 个人随时可能需要别人的数据，于是大家约定把数据都放在自己的房间里。

　　在临行前，组长说："在外出作业期间，我们 12 个人一起回来是不可能的，如果有组员回来需要查看别人的资料就困难了。"现在怎样做才能使任何一个人回来都能打开别的任意一个人的房间呢？

567. 法官的妙计

　　中级　　　难度星级：☆☆★★★　　　知识点：整体法

　　一个牧场主养了许多羊。他的邻居是个猎户，院子里养了一群凶猛的猎狗。这些猎狗经常跳过栅栏，袭击牧场里的小羊羔。牧场主几次请猎户把狗关好，但猎户不以为然，口头上答应，可没过几天，他家的猎狗又跳进牧场横冲直撞，咬伤了好几只小羊。

　　忍无可忍的牧场主找镇上的法官评理。听了他的控诉，明理的法官说："我可以处罚那个猎户，也可以发布法令让他把狗锁起来。但这样一来你就失去了一个朋友，多了一个敌人。你是愿意和敌人做邻居呢？还是和朋友做邻居？"

　　"当然是和朋友做邻居。"牧场主说。

　　"那好，我给你出个主意，按我说的去做。不但可以保证你的羊群不再受骚扰，还会为你赢得一个友好的邻居。"法官如此这般交代一番。牧场主连连称是。

　　你知道法官给他出的是什么好主意吗？

568. 需要买多少

中级　难度星级：☆☆★★★　知识点：整体法

27名同学去郊游，在途中休息的时候，口渴难耐，去小店买饮料。饮料店搞促销，凭3个空瓶可以再换一瓶。他们最少买多少瓶饮料才能保证一人喝一瓶？

569. 男男女女

高级　难度星级：☆★★★★　知识点：整体法

某日，某饭店里来了3对客人：两个男人，两个女人，还有一对夫妇。他（她）们开了3个房间，门口分别挂上了带有标记"男男""女女""男女"的牌子，以免互相进错房间。但是爱开玩笑的饭店服务员，却把牌子巧妙地调换了位置，弄得房间里的人和牌子全对不上号。

在这种混乱的情况下，据说只要敲一个房间的门，听到里边的一声回答，就能全部搞清楚3个房间里的人员情况。你说，要敲的该是挂有什么牌子的房间？

好书推荐